戦国の山城・近江鎌刃城

教育委員会 編

口絵１　主郭虎口と前面の高石垣

口絵２　主郭虎口に取り付く石段

口絵３　北―Ⅵ曲輪で検出された通路状遺構

口絵４　鎌刃城跡から出土した陶磁器

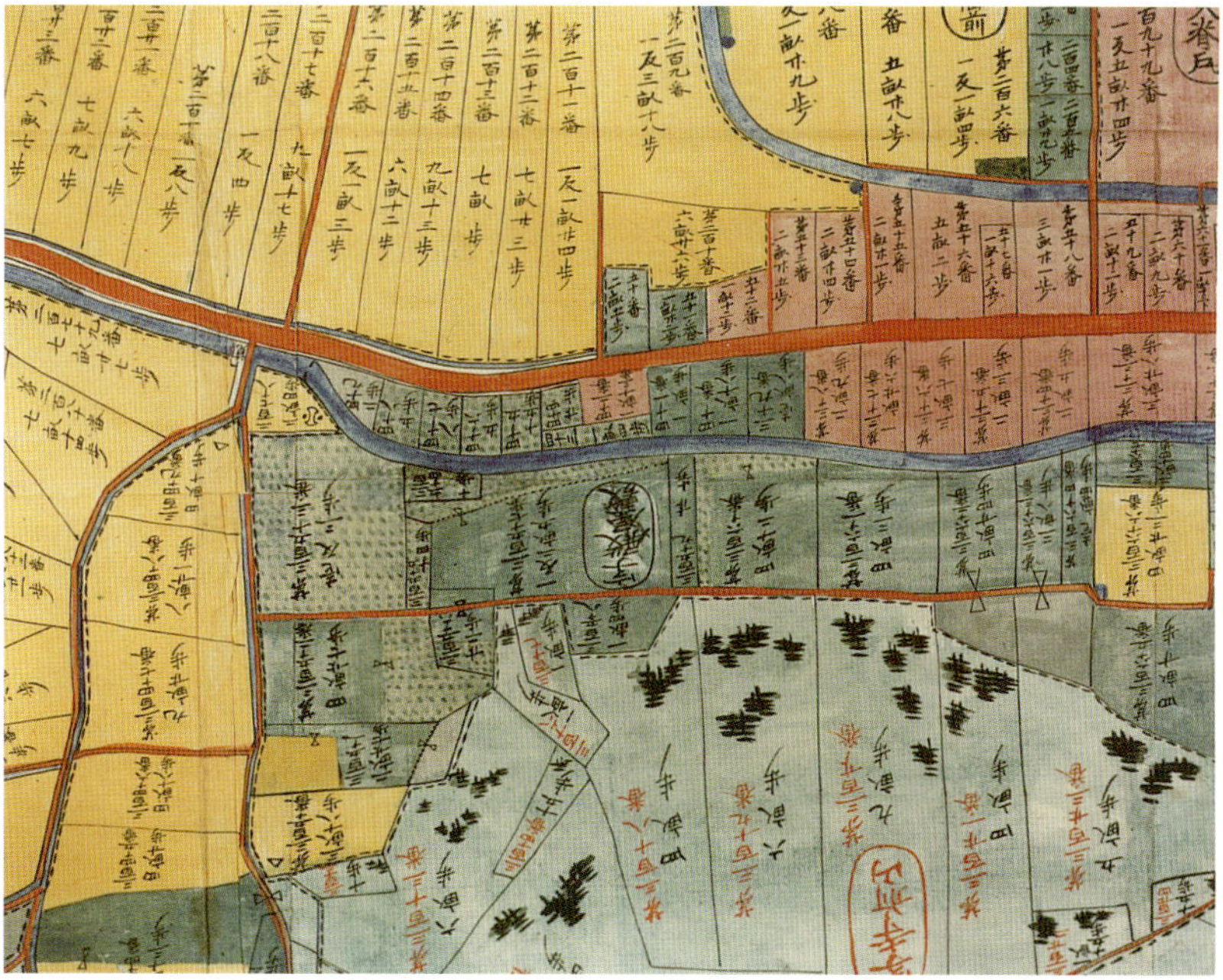

口絵５　殿屋敷の地割り（「番場村地券取調総絵図」）

口絵６　殿屋敷遺跡全景

口絵７　鎌刃城復元想像図（イラスト＝香川元太郎、協力＝㈱学研「歴史群像」編集部）

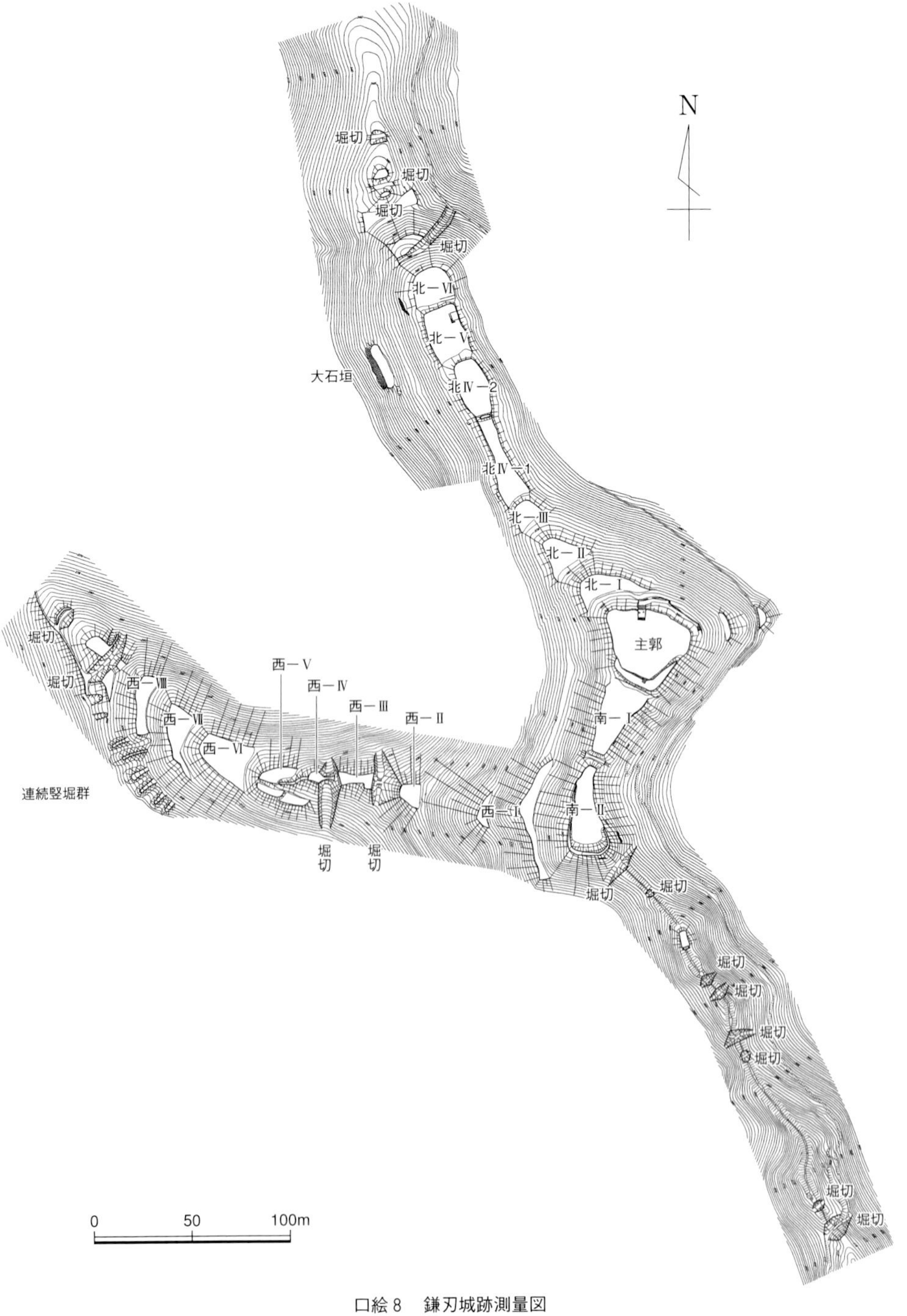
N
堀切
堀切
堀切
堀切
北－Ⅵ
北－Ⅴ
大石垣
北Ⅳ－2
北Ⅳ－1
北－Ⅲ
北－Ⅱ
北－Ⅰ
主郭
堀切
堀切
西－Ⅷ
西－Ⅶ
西－Ⅵ
西－Ⅴ
西－Ⅳ
西－Ⅲ
西－Ⅱ
西－Ⅰ
南－Ⅰ
南－Ⅱ
連続竪堀群
堀切
堀切
堀切
堀切
堀切
堀切
堀切
堀切
堀切
堀切
0
50
100m

口絵８　鎌刃城跡測量図

序

米原市長　平　尾　道　雄

平成十七年二月十四日、私たちのまち「米原市」は合併により新しく誕生しました。米原市は雄大な伊吹山と恵み豊かな琵琶湖に囲まれ、古来より近畿、北陸、東海地方を結ぶ交通の要衝として栄えてきました。その地域が一つにまとまって新たにスタートを切った矢先、嬉しい話題が飛び込んでまいりました。米原市番場に所在する鎌刃城跡が平成十七年三月二日付けで国の史跡に指定されたのです。

鎌刃城跡は戦国時代の近江国で北近江を支配した京極氏や浅井氏と南近江を支配した六角氏との境目の城として築かれました。織田信長や豊臣秀吉、さらには徳川家康といった戦国時代を代表する武将とも縁があり、貴重な歴史を有しています。しかし、そうした優れた歴史を有していながらも、ほんの十数年前までは地元の方でさえ知る人はあまりいませんでした。

ところが、米原町教育委員会が平成十年から十四年にかけて発掘調査を実施したところ、織田信長が安土城を築城する以前に存在していた山城であるにもかかわらず、石垣や虎口、礎石建物跡などが検出され、厳重な防御構造を有していたことがわかりました。この発見は、従来、安土築城以前の城郭は土を切り盛りして造られていたと考えられていた戦国時代の山城の姿を大きく覆すものとなりました。また、使用されなくなった城を徹底的に破壊する「破城」が織田信長によってなされた様子も発掘調査から確認されました。

そうした発掘調査成果が認められ、平成十六年十一月、国の文化審議会で鎌刃城跡を国の史跡に指定するように答申されました。そして、この答申を受けて米原町教育委員会では平成十七年一月二十三日に、鎌刃城跡国史跡答申記念講演会「鎌刃城が語る戦国の城～今、明らかにされる戦国城郭の実像～」を開催いたしました。

講演会の基調講演には大阪大学名誉教授村田修三先生にお越しいただき、「鎌刃城調査の意義」と題して最近の城郭研究を踏まえながらご講演いただきました。そして、教育委員会発掘調査担当者から発掘調査成果についてスライド写真を交えながら報告をさせていただきました。また、広島大学大学院教授三浦正幸先生には建築史の立場から「鎌刃城の建物を復元する」と題して、織豊期城郭研究会加藤理文先生には発掘調査で検出した石垣を切り口に「鎌刃城の石垣構造」と題して、㈶滋賀県文化財保護協会木戸雅寿先生には発掘調査の出土遺物から「鎌刃城出土の陶磁器」と題してそれぞれご講演いただきました。

こうして講演会では、中世城郭研究の第一線で活躍されておられる諸先生方によって様々な題材から鎌刃城の実像に迫るべくアプローチが行われました。当日は、寒いなかを全国各地から五百人を超える皆様にご参加をいただき、講演会は大いに賑わうものとなりました。

本書はその時の講演会で行われた講演録を中心にまとめたものです。講演会に参加していただいた方もしていただけなかった方も本書を通して今一度、戦国の山城・鎌刃城跡の歴史に思いを馳せ、その魅力を再発見していただければ幸いです。

最後になりましたが、米原市ではこの貴重な歴史遺産を保存、整備、活用していくために、鎌刃城跡整備委員会を立ち上げました。息の長い事業ではありますが、皆様方のご期待に添えるよう整備に努めてまいりますので、より一層のご支援、ご協力を賜りますようお願い申し上げます。

平成十八年二月二十八日

目次

鎌刃城の歴史と構造

米原市教育委員会　中井　均

番場と土肥氏

戦国時代の近江は、江南《ごうなん》を守護佐々木六角《ろっかく》氏が支配し、江北《ごうほく》を佐々木氏の庶子家である京極氏が支配しており、分国の状況を呈していた。さらに戦国時代後半には京極氏の内訌に乗じて浅井《あざい》氏が台頭し、戦国大名として江北を支配するにおよんだ。こうした江南と江北の国境となったのが犬上《いぬかみ》郡と坂田郡の郡境であった。このため国境には領国防御の境目として数多くの山城が構えられた。鎌刃《かまは》城もそうした「境目の城」のひとつであるとともに、境目の村の領主の詰城でもあった。ところで、鎌刃城は従来番場《ばんば》の領主土肥《どい》氏の居城と伝えられていた。一九四一年に刊行された『改訂近江国坂田郡志』には「鎌刃城址　息郷《おきざと》村大字番場にあり。

始め土肥氏の築きし城なりといふ。」とある。この土肥氏とは鎌倉幕府創始者源《みなもと》頼《より》朝《とも》の側近である相模《さがみ》国御家人土肥実平《さねひら》の子孫と考えられ、承久《じょうきゅう》の乱後に箕浦《みのうら》荘の地頭に補任された西遷《せいせん》御家人と考えられる。弘安七年（一二八四）に鋳造された番場の蓮華寺《れんげじ》梵鐘銘《ぼんしょうめい》にある「大檀那《おおだんな》沙弥《しゃみ》道日《どうじつ》」が土肥三郎元頼と伝えられている。『吉田本追加』によれば「一、近江国箕浦庄加納、本庄東方と堺の事　土肥六郎入道に行蓮、舎兄三郎入道々日と、六波羅に於いて御沙汰を経られ、御注進以後八ヶ年を経る、永仁六年七月十六日重ねて御注進の他、肝心の証文を求め出し、御引付に於いて子細を申すに依り、奉行人弾正忠に付けられ畢、依って御沙汰之在り」とあり道日が土肥六郎行蓮《ぎょうれん》の兄として箕浦庄本庄である東方を領していたことがわかる。その後『長浜八幡宮文書』によれば永享七年（一四三五）に行われた勧進猿楽《かんじんさるがく》の記録に「土肥殿」の観覧が確認できる。さらに『蔭涼軒日録《おんりょうけんにちろく》』には、文明十七年（一四八五）に土肥兵部少輔《ひょうぶのしょう》が建仁寺禅居庵《けんにんじぜんきょあん》領であった江州《ごうしゅう》箕浦庄内馬場西方を押領していることが記されており、十五世紀後半においても土肥氏の勢力が箕浦荘内におよんでいたことが知られる一方で、『伺事《うかがいごと》記録』では延徳二年（一四九〇）のこととして、松田長秀が自領「江州北郡箕浦庄内土肥庶子分跡」を京極政経《まさつね》によって押領されたことを幕府に訴えており、土肥氏はこの頃すでに箕浦荘からは実質的な権力は失っていたようである。『嶋《しま》記録』には「今井左衛門

尉没落の事　嶋若狭守、いまた四郎左衛門尉なりし時、今井左衛門尉秀俊、京極殿御不審かうふり、江北にて浅井備前の守亮政ために生害せられけれハ、秀俊妻女ハ番場土肥か息女なりしか、秀俊か息八歳尺夜叉をかゝへ、土井（土肥）もろ共に牢籠せしかは」とあり、天文二十二年（一五五三）、浅井亮政《すけまさ》が長浜の神照寺《じんしょうじ》において今井秀俊《ひでとし》を殺害した事件を記した部分であり、すでに実質的勢力を失った土肥氏が同事件でついに没落したことがうかがえる。

この土肥氏について注目すべきは、同氏が室町幕府の奉公衆であったことである。『文安年中御番帳《ぶんあんねんちゅうおんばんちょう》』には「土肥三郎右衛門尉」と見え、『永享以来御番帳』『東山殿時代大名外様《とざま》』には土肥三郎と記されており、これらが近江番場の土肥氏を指していることはまずまちがいない。さらに『常徳院殿様江州御動座当時在陣衆着到』にも奉公衆の二番に「江州　土肥民部少輔」の名が見え、長享元年（一四八七）の将軍足利義尚《よしひさ》の六角高頼《たかより》親征にも付き従っていたことが知られる。このように地頭土肥氏が箕浦荘の領主として活躍していたのは、おおよそ十三世紀後半から十五世紀後半の二〇〇年間と考えられる。この時代の在地領主はまだ詰城としての山城を持つ時代ではなく、平地の居館に居住していた時代である。したがって番場の集落から一・二キロメートルも山中に入った場所に立地する鎌刃城を居城としていたとはまず考えられない。鎌刃城の築城はさらに後の時代と考えられる。

では土肥氏はどこに住していたのだろうか。明治六年に作製された「番場村地券取調総絵図」（口絵5）を詳細に検討してみると上番場に小字「殿屋敷《とのやしき》」の存在に気がつく。さらにこの小字の中心がほぼ方形区画となっており、それを取り巻く細い田畑もある。つまり小字は文字通り殿様の屋敷だったのである。方形の館には土塁が巡っており、それらはその形状を残して細長い田畑となったわけである。

平成三年から四年にかけて、この「殿屋敷」の北方約二〇〇メートルの地点において、ほ場整備事業に伴う発掘調査が実施された。調査の結果中世の遺構、遺物が出土した。検出された遺構群は遺構の切り合い関係や上層と下層の遺構面の相違などによって三時期に区分が可能である。Ⅰ期の遺構としては二間×三間の掘立柱建物、素掘りの井戸二基などがあった。これらの年代は出土した遺物より、おおよそ十三世紀末〜十四世紀初頭にかけてと考えられる。Ⅱ期の遺構としては四間×三間と推定される掘立柱建物、素掘りの井戸などがあった。この年代はおおよそ十四世紀代に収まるものである。Ⅲ期の遺構としては下層遺構を整地して構築した四間×六間と推定される大型の掘立柱建物、素掘りの井戸二基などがあり、年代は十四世紀末〜十五世紀初頭と考えられる（口絵6）。

出土した遺物には輸入陶磁として青磁碗《せいじわん》、白磁皿《はくじざら》があった。一方国産陶器としては皿には土師器《はじき》と瀬戸美濃《せとみの》があり、壺には常滑《とこなめ》・信楽《しがらき》・瀬戸美濃があり、甕《かめ》には常滑・信楽があり、鉢には山茶碗《やまぢゃわん》系陶器・信楽があり、鍋は土師器、羽釜《はがま》は瓦《が》質《しつ》土器であった。こうした土器組成は十三～十四世紀の普遍的な傾向であるが、輸入青磁の占める割合が一般集落に比べると高く、遺跡の性格がうかがえる。また、特異な遺物として木製の物指が出土している。一寸・五分・一分ごとにそれぞれ大・中・小目盛を刻んでおり、全長二一・七センチメートルで、ちょうど七寸となる。

調査地は直接方形区画の「殿屋敷」ではなく、それより二〇〇メートルも離れてはいるが、検出された遺構や出土した遺物の組成などから殿屋敷に関わる遺跡であることにはまちがいない。さらにその存続期間が十三世紀末から十五世紀初頭という文献史上の土肥氏と重複することは偶然ではなく、やはりこの遺跡が土肥氏と大きく関わっていたことを示している。おそらく土肥氏の一族郎党の屋敷と考えてよいのではないだろうか。

なお、殿屋敷の背後、天神山《てんじんやま》の山頂には山城跡が確認されている。その構造は尾根筋を堀切《ほりきり》で切断し、二段の曲輪《くるわ》を設ける極めて小規模なもので、軍事的にも発達した構造は認められない（図1）。集落に近い小丘陵頂という選地や殿屋敷

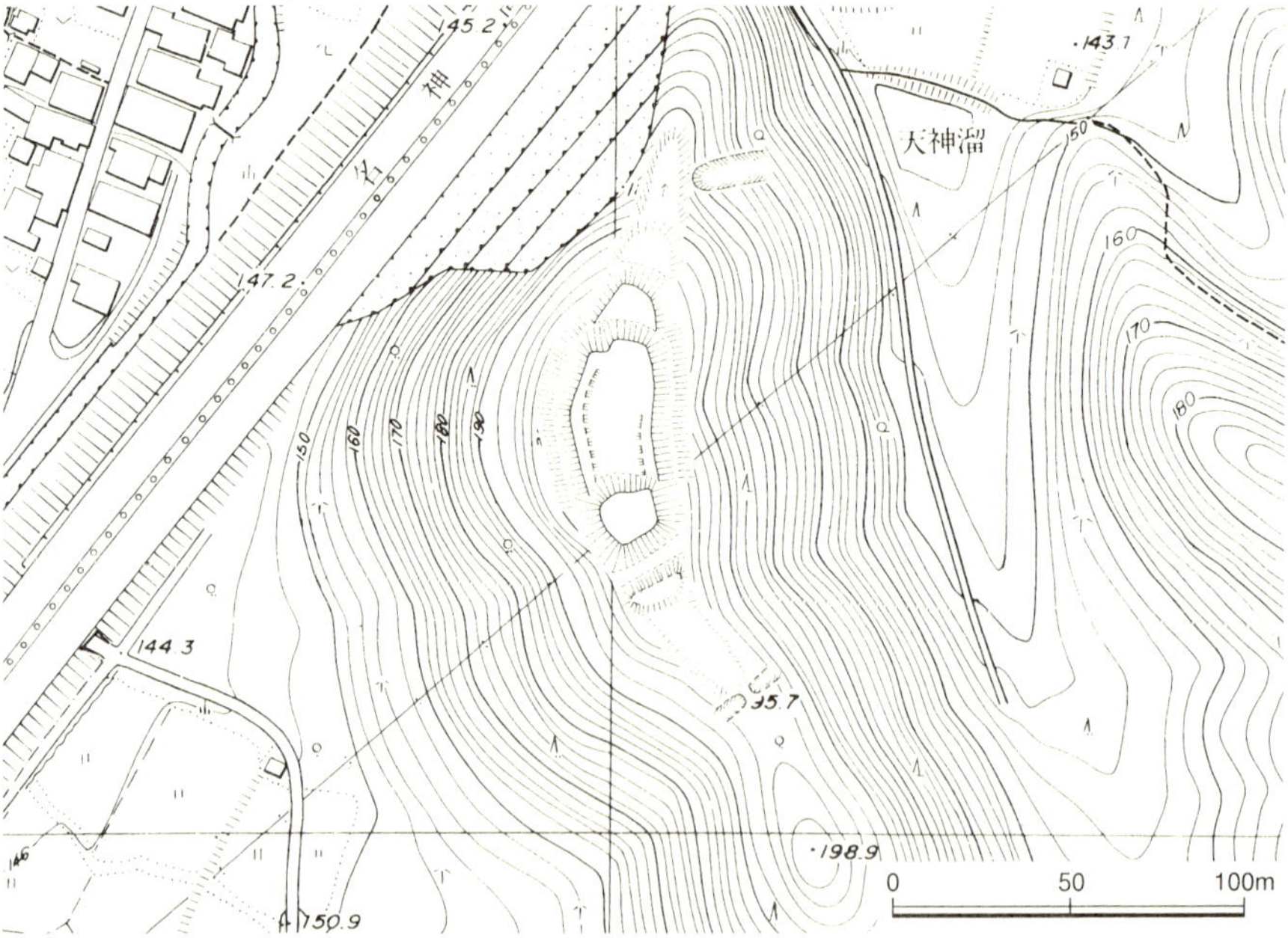

図１　天神山

との位置関係から、この山城が土肥氏の詰城ではないかと考えられる。ただ鎌倉時代に居館と詰城という二元的構造は考えられないので、土肥氏の詰城としても土肥氏の末期段階で築かれたものではないだろうか。『近江国坂田郡郷士在名牒』（江龍文書・米原市所蔵）によれば、「番場城主　土肥左京進尊朝　同三郎　樋口三良左衛門　多羅左近　鎌刃城主　堀遠江守　同二郎」とあり、明らかに鎌刃城とは区別して番場城が記されており、この番場城が天神山に残る山城のことであろうと考えられる。

鎌刃城の歴史

『今井軍記』文明四年（一四七二）八月十一日のこととして今井秀遠《ひでとう》が堀次郎左衛門尉の籠もる鎌刃城を攻め、多賀《たが》蓮台坊《れんだいぼう》、赤尾左京亮《さきょうのすけ》、伊藤民部丞《みんぶのじょう》らを討ったことが記されている。すでにこの頃には鎌刃城が築かれ、その城主が堀氏であったことが知られる。鎌刃城を攻めた今井秀遠は京極氏の根《こん》本《ぼん》被官《ひかん》であり、京極持清《もちきよ》死後は多賀高忠《たかただ》を支持していることから、文明の乱の頃の鎌刃城主堀氏は六角高頼が支持していた多賀清直《きよなお》方に属していたようである。また、同十八年十二月二日には「堀の城」に今井八郎五郎が討ち入り、手傷を受けながらも功をあげたことが記されているが、この「堀の城」も鎌刃城のことであることはまちがいない。

ところで鎌刃城主堀氏の出自《しゅつじ》については詳《つまび》らかではない。『改訂近江国坂田郡志』では今井氏や井戸村氏らの土豪と同じく藤原秀郷《ひでさと》流としている。近世の史料ではあるが、『江州佐々木南北諸士帳』には「門根城主　佐々木浅井随兵鎌足公七世孫藤原秀郷子孫　堀遠江守頼氏・同男二郎」とあり、さらに同書には「番場鎌羽山城主　門根帯兼頼氏男　堀二郎」ともある。こうしたことから堀氏は鎌羽（刃）城と門根城という二つの城を帯兼《たいけん》していたことがうかがえる。もちろん堀氏の本貫地は門根（現米原市三吉）であり、後に詰城として鎌刃城を構えたものと考えられる。さらにこうした史料より堀氏が通称や受領名として二郎や遠江守を名乗っていたこともわかる。

天文四年（一五三五）、六角定頼《さだより》が今井藤兵衛尉に「りやうせんニいたり被打出之由祝着候多賀畑平野館其外令放火候かまのは之儀者追而可申付候条まつ、可有帰陣候早々働祝着候如此段最前以妙観院申へく候恐々謹言。」と書状を送っている。これは京極高広《たかひろ》（高延《たかのぶ》）と浅井亮政が六角方に与した多賀貞隆《さだたか》を攻めた報復として、定頼が今井藤兵衛尉に出兵を促したものである。このとき実際に鎌刃城では合戦には至らなかったものの、文面からは江南と江北国境の緊張が伝わってくる。

六角定頼による鎌刃城攻めはその後、天文七年に実行される。室町幕府の政所代であった蜷川親俊《にながわちかとし》の日記『親俊日記』天文七年六月四日条に「江州堀が城カマノハノ城落居候由、注進之在り」と記されている。この城攻めは、定頼が浅井亮政を攻めるために江北に侵攻した際、今井定清によって鎌刃城を陥落させたことを指している。さらに『嶋記録』には年代は記されていないが、七月六日付けの今井殿に宛てた定頼の書状が掲載されている。「自鎌端出候者搦捕殊野村伯耆守書状等数多到来候尤祝着候弥馳走肝要候猶妙観院可申候恐々謹言。」と記されており、鎌刃城から逃れたものを捕らえたことが知られ、天文七年六月の合戦を物語るものであろう。

この天文七年の合戦では太尾山《ふとおやま》城《じょう》も六角方の今井尺夜叉《しゃくやしゃ》（定清）に攻められ、さらに磯山城《いそやまじょう》（米原市）、佐和山城（彦根市）も陥落させ、六角軍が駐留している。まさに天文七年の合戦は坂田南郡に所在する諸城が江南の六角氏領国と、江北の浅井氏領国の「境目の城」として機能しており、南北の争奪戦の対象となったことを如実に物語っているのである（図2）。

鎌刃城を攻略した定清は鎌刃城に老臣嶋秀安《ひでやす》を城代《じょうだい》として入れ置いた。年不詳であるが、『嶋記録』に「堀父子間之事、最前如申候、和談可然候時分柄之儀に候之間、吉田相談馳走可為祝着候、尚河井新次郎可申候、恐々謹言。」と記された新庄蔵人丞に宛てた六角承禎《しょうてい》の書状が載せられており、堀氏が六角方へ降ると、再び鎌刃城主となった。『東浅井郡志』には天文二十年のこととして、鎌刃城には六角方となっていた堀石見守《いわみのかみ》が守備していたが、浅井亮政方に同心したとある。しかし『嶋記録』には「彼行之義令同心火急可成其覚悟之旨不及是非忠節之儀候堀石も同心候条相続同前ニ其働簡要候猶河彦申含候恐々謹言。」と今井定清に宛てた京極高広の書状が掲載されていることより、この当時鎌刃城主堀石見守は浅井氏ではなく、京極高広方に所属していたこととなる。もし、そうであれば江北においては浅井久政時代に至っても、坂田南郡は浅井氏からは独立した京極政権の支配下にあったことを示していることとなる。

しかし、永禄二年（一五五九）に浅井長政が六角承禎に抗すると、堀氏も浅井氏方に属するようになり、鎌刃城は再び江南に対する最前線となった。ところが

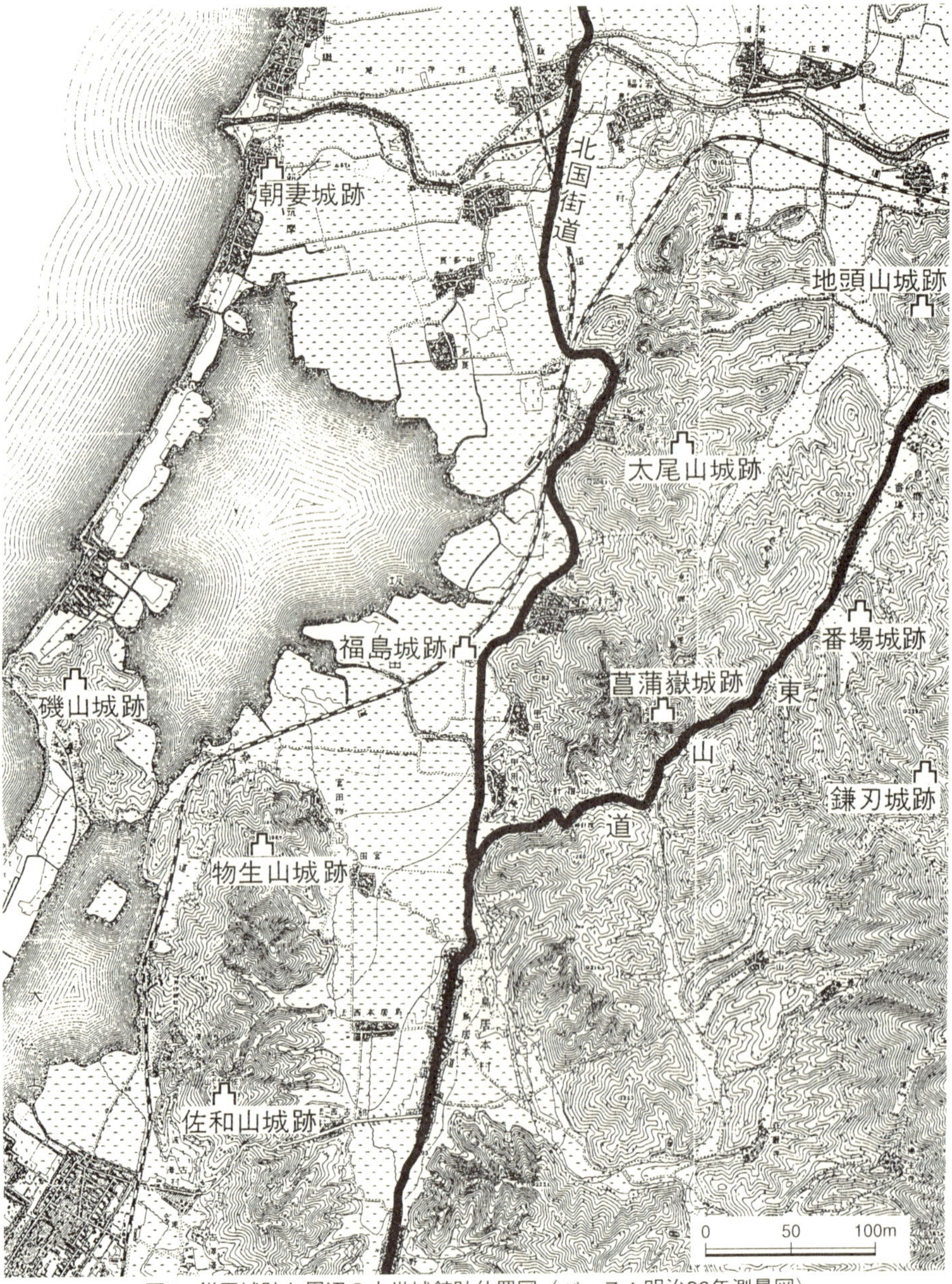

図2　鎌刃城跡と周辺の中世城館跡位置図（ベース：明治26年測量図）

元亀元年（一五七〇）四月、織田信長の越前攻めに対して浅井長政は朝倉義景《よしかげ》支援のためついに信長を離反する。六月信長の近江侵攻に対して長政は江濃《ごうのう》国境のたけくらべ（長比城：米原市）とかりやす（苅安城：米原市）二ヵ所に要害を築き、その守備を堀秀村《ひでむら》、樋口直房《なおふさ》に任せた。『信長公記』には「去程に、浅井備前越前衆を呼越し、たけくらべ・かりやす両所に要害を構へ候。信長公御調略を以て堀・樋口、御忠節仕るべき旨請なり。六月十九日、信長公御馬を出だされ、堀・樋口謀反の由承り、たけくらべ、かりやす取物も取敢へず退散なり。たけくらべに一両日御逗留なされ、」とあり、堀氏は一族の樋口氏とともに織田方に内応した。この結果、信長軍は戦わずして江北に進出を果たせたのであった。当時堀氏の当主秀村は幼少であったため、重臣の樋口直房が補佐をしており、直房が信長方への帰属を決断し、長比城に信長軍を引き入れ、秀村と直房は鎌刃城に退去したのであった。

『信長公記』元亀二年（一五七一）五月六日条には「先手足軽大将浅井七郎、五千ばかりにてみのうら表堀・樋口居城近辺迄相働き、在々所々放火候。木下藤吉郎横山に人数多太々と申付け置き、百騎ばかり召列れ、敵かたへ見えざる様に山うらを廻り、みのうらへ懸付け、堀・樋口と一手になり、」とあり、浅井七郎（井規）を大将とする浅井軍五〇〇〇人がみのうら表、堀・樋口居城を攻めている。言うまでもなく、このみのうら表堀・樋口居城は鎌刃城のことである。このとき落城寸前まで追い込まれるが、横山城（長浜市・米原市）を守備していた木下藤吉郎の援軍によって落城を免れている。元亀二年一月頃には岩脇《いおぎ》（米原市）の地侍、岩脇定政《さだまさ》らが今井小法師丸《こほうしまる》（秀形）と謀って、堀・樋口氏の守る鎌刃城を攻めたことが『妙意物語』に記されている。このとき定政らは番場の北の丹生《にゅう》谷《だに》まで至ったが、逆に堀・樋口氏に攻められ定政は戦死してしまった。なお、このとき定政が築いて立て籠もった陣城が松尾山（米原市）中で最近確認されている。

こうして信長傘下となった堀・樋口氏は戦時下の湖北支配を信長から任されていたようで、その領域は坂田郡にとどまらずその発給文書は浅井郡内の竹生島《ちくぶしま》や菅浦《すがうら》にまで及んでいる。ここに鎌刃城は軍事的機能としての境目の城というだけではなく、信長家臣としての堀氏の居城としても機能していたことは注目される。後述するように発掘調査の結果からは御殿の存在や、極めて象徴的に構えられた城門や、さらには高石垣が存在していたことが明らかとなっている。こうした施設は単に軍事的な防御施設ではなく、居住や権力誇示といった側面が大きく、居城として整備されていたことがうかがえる。

しかし、『当代記』によれば、「近江国かまのはの城主堀二郎、同樋口御改易、其子細木下筑前守秀吉同心たりしか」とあり、天正二年（一五七四）に突然堀・樋口氏は改易となったとされている。『信長公記』には天正二年八月に「去程に、木目峠に取出を拵へ、樋口を入置かれ候処、如何様の存分を含み候哉覧。取出を明退き、妻子を召列れ候て、甲賀をさしてかけ落ち候を、羽柴筑前守追手をかけ、途中にて成敗候て、夫婦二人の頸長嶋御陣所へ持せこされ候なり。」とあり、越前木目峠《きのめとうげ》城（福井県今庄町）を守備していた秀村の重臣樋口直房は甲賀へ逃亡するが秀吉に捕らえられ、夫人ともに生害されたのであった。天正元年の浅井氏滅亡によって江北支配は秀吉に与えられた。元亀元年以降信長に従ったにもかかわらず江北支配を与えられなかった堀・樋口氏はこの段階で信長との間に溝が生じたことはまちがいなく、直後に信長の粛清にあったものと考えられる。一方、城主堀秀村の末路については詳らかではない。

ところで、『寛政重修諸家譜』の堀存村《ありむら》家の系譜は鎌刃城主の堀氏が江戸時代に旗本として存続していたことを示しており大変興味深いのでここに記しておきたい。

堀
はじめ新庄と称し、のちあらためて堀を家号とす。

某
次郎　遠江守　今呈譜、秀基に作る。
近江国坂田郡北庄堀に居城し、織田右府（信長）につかへ、のち同郡蒲葉城に住す。

存村
石見守　従五位下
織田右府（信長）につかへ、のち豊臣太閤に勤仕し、従五位下石見守に叙任す。天正十六年紀伊国桐部谷一揆起して城郭をかまへ、凶徒五六百人たてこもる。ときに存村池田伊予守秀雄と共に、大和大納言秀長が指揮にしたがひ、ことごとくこれを誅す。慶長四年八月朔日死す。年四十三。法名休齋。

秀信
因幡守　従五位下　實は新庄駿河守直頼が三男。母は佐久間大学介盛重が女。

で、この某は名前こそ不明であるが、通称が次郎、受領名が遠江守という鎌刃城主の堀氏に共通するものである。さらに蒲葉城とは鎌刃城のことであることはまちがいない。さらに存村は慶長四年（一五九九）に四十三歳で没しているとあることから、堀氏が織田信長方に就いた元亀元年（一五七〇）には十四歳であり、一族の樋口直房が補佐したという堀秀村を彷彿させる。おそらく鎌刃城主堀秀村はその後豊臣秀吉配下の武将として、さらには江戸時代には旗本として家名は存続したものと考えられる。

さて、堀・樋口氏が改易された後の鎌刃城はいったいどうなったのであろうか。『武徳編年集成』には天正三年（一五七五）のこととして、「三月小　上旬信長ヨリ江州鎌羽ノ米穀二千俵ヲ以テ、神君ニ贈ラレ境目ノ要城ニ入置ルベシト云々其内三百俵ヲ長篠ノ城米ニモ是ヲ賜フ」とあり、鎌刃城内にあった米穀二千俵が徳川家康に与えられている。堀氏改易後は信長の直轄城として管理されていたのであろう。そして最後に城中の備蓄米を家康に与えたのは、廃城とするための手続きだったのだろう。これを最後に現在のところそれ以後の鎌刃城の記録は認められず、この直後に廃城となったものと考えられる。

鎌刃城跡の発掘調査

近江戦国史の舞台となった鎌刃城であるが、観音寺城《かんのんじじょう》や小谷城《おだにじょう》に比べてその名を知る人は少ない。それは番場より徒歩一時間弱もかかる山中に所在していることが大きい。

さて、鎌刃城跡は番場の南東一・二キロメートルの標高三八四メートルの山頂部に位置している（図3）。山麓には東山道《とうさんどう》（中山道）が通り、武奈《ぶな》（彦根市）方面から番場に至る間道《かんどう》を城に取り込んでおり、この城が江北と江南を結ぶ幹線道路を意識した「境目の城」であることを物語っている。

地元の人にもほとんど知られていなかった城跡であるが、城跡の残存状況は良好で、戦国時代の典型的な山城構造を示しており、湖北地方においては戦国大名浅井氏の居城である小谷城に次ぐ規模を有している（口絵8）。標高三八四メートルの山頂に土塁に囲まれた主郭を置き、北西に伸びる尾根上に六段の曲輪《くるわ》を配し、先端の曲輪は土塁《どるい》によって囲まれている。この外側には四本にのぼる堀切《ほりきり》を設けて北面防御を強固なものとしている。特に中央の堀切は尾根を完全に切断する巨大なものである。主郭の南には二つの副郭《ふくかく》が構えられており、曲輪間には堀

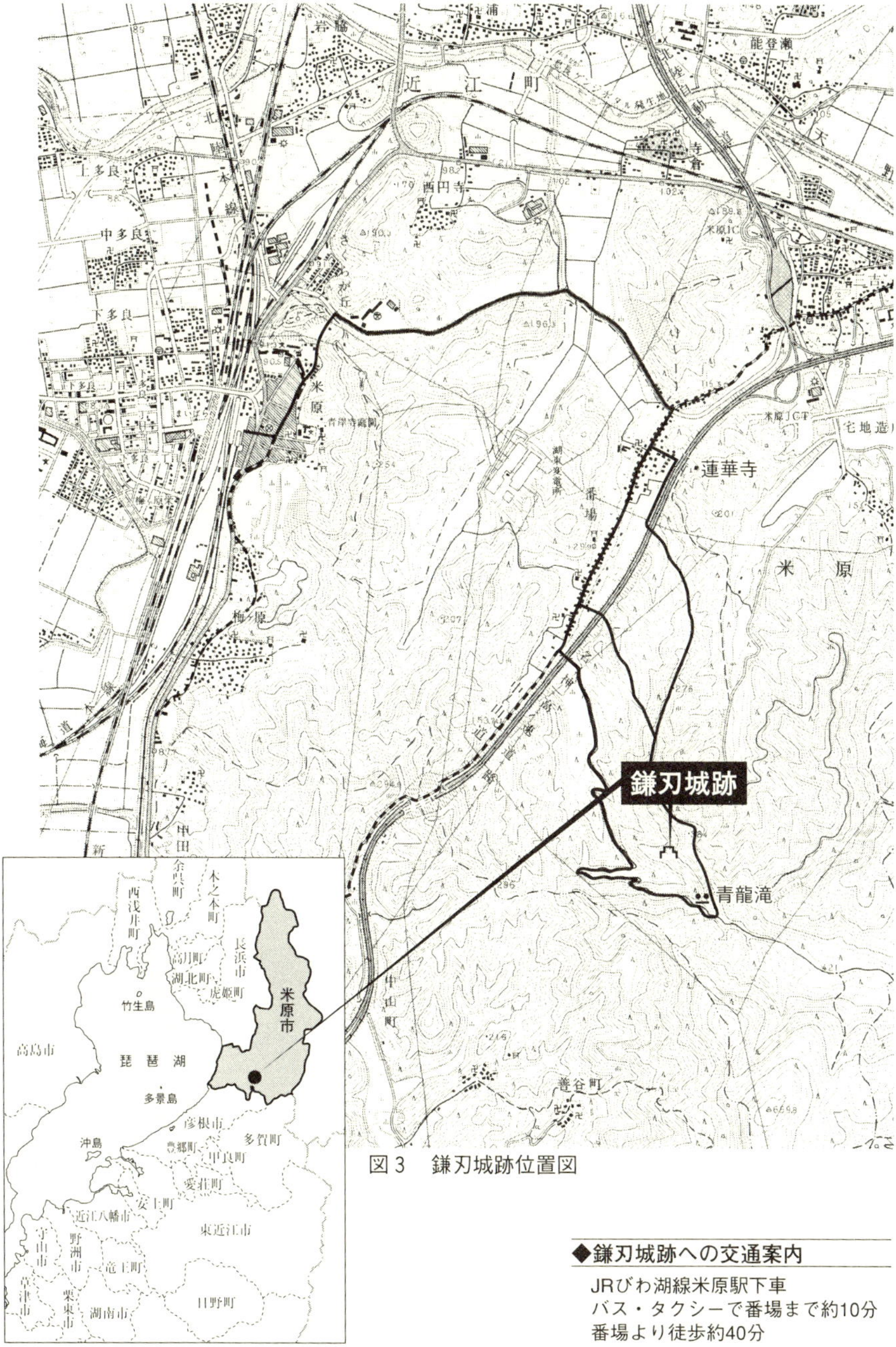

図3　鎌刃城跡位置図

◆鎌刃城跡への交通案内

JRびわ湖線米原駅下車
バス・タクシーで番場まで約10分
番場より徒歩約40分

切が設けられている。南端曲輪の南辺には巨大な土塁があり、南方防御の要としている。ところで、この南端の曲輪から南東方向に伸びる尾根は鎌刃城で唯一、城よりも高い尾根続きとなっているため、尾根筋には七本にのぼる堀切が設けられている。さらにこの尾根は非常な痩せ尾根で、尾根斜面は急斜面で、城名の通り鎌の刃そのものの形状を示している。なお、南端曲輪より西方に伸びる尾根上にも八ヵ所にのぼる曲輪を階段状に配置しており、その先端は二重堀切によって処理している。また、この西方尾根曲輪群の先端南側斜面には畝《うね》状の連続する竪《たて》堀《ぼり》群が設けられている。畝状の連続する竪堀群は近年全国的に分布することが確認されているが、その粗密には地域差が存在しているようで、近江はほとんど採用されていない地域のひとつのようである。現在近江でこうした畝状の連続する竪堀群が確認できるのは、この鎌刃城跡以外では上平寺城《じょうへいじじょう》跡（米原市）、清水山《しみずやま》城《じょう》跡（高島市）、勝楽寺城《しょうらくじじょう》跡（甲良町）程度にすぎない。

　このように鎌刃城跡は地表面から観察するだけでも戦国時代の山城を語るには充分な遺構を残していたが、さらに建物構造や遺構の構築状況を探るため、平成十年より五ヵ年にわたって米原町教育委員会によって発掘調査が実施された。次にこうした発掘調査成果について写真を見ながら紹介していくこととしよう。

写真1　主郭南東隅石垣

写真2　主郭南西隅石垣

写真1　これは主郭南東隅の石垣である。発掘調査以前は鎌刃城も普遍的な戦国時代の土造りの城と考えられていたが、発掘調査の結果、戦国時代では珍しく石垣を用いた城郭であることが判明した。特に主郭の周囲は四面ともに高石垣によって構築されていたことが明らかになった。写真でもわかるとおり、少し色が違っており、隅石の三石程度は実は調査前より露頭していた。それ以下はすべて埋没していた。この南東隅部が確認されたことにより、主郭の東面と南面が石垣であることが判明した。

写真2　主郭南東隅を確認したことにより、その延長線上で南西隅部に相当する部分にトレンチを設定して調査したところ、隅石部が検出された。石垣は基底部しか残されていなかったが、トレンチ内からは上部から転落した石垣石材が散乱して検出されている。この南西隅部の石垣が確認

写真３　主郭南辺で検出された石垣

できたことにより、主郭は西面も石垣によって構築されていたことが確認できた。

写真３　主郭の南面の石垣を確認するために南辺の中央部にトレンチを設定して調査を実施した。その結果土塁と思われていた面の中から石垣が検出された。トレンチ上部は土塁となっているが、これは本来積まれていた石垣が崩されたもので、崩された石垣の石材は下部に落とされていた。この主郭南辺外側の石垣は想定で四メートルの高さを有していたようである。よく見ていただくと彦根城のような江戸時代の石垣石材のような加工されたものは一切用いられていないことがわかる。大半は人頭大の自然石で、それらを乱雑に積み上げる工法で構築していた。さらにその法面《のりめん》はほとんど垂直に近く、勾配がない。こうした勾配のない石垣がどうも安土城以前の戦国時代の城郭石垣の特徴ではないかと考えられる。安土城以前の代表的な石垣として観音寺城（東近江市・安土町）の石垣があるが、やはり勾配を持たず垂直に近い法面となる。

ところでこの（写真３）手前に杭が写されているが、その下からも石垣が検出されている。つまり主郭南辺は単に石垣であったただけではなく、その外側約三メートルほどの幅で空堀《からぼり》が巡っていたのである。杭の下で検出できた石垣はこの空堀の外面の石垣だったのである。地表面ではまったく痕跡を残していなかった主郭南辺の空堀が今回の発掘調査によって明らかにできたのである。

写真4　これは先ほどの主郭南辺中央に設けたトレンチで検出された石垣を別の角度から写したもので、ほぼ垂直に積んでいることがよくわかる。

写真5　これは主郭の南側に構えられた副郭に設けられた堀切の調査状況である。当初単純に曲輪間を掘り下げて築いた堀切で、その元来の深さを知るため

写真4　主郭南辺で検出された石垣

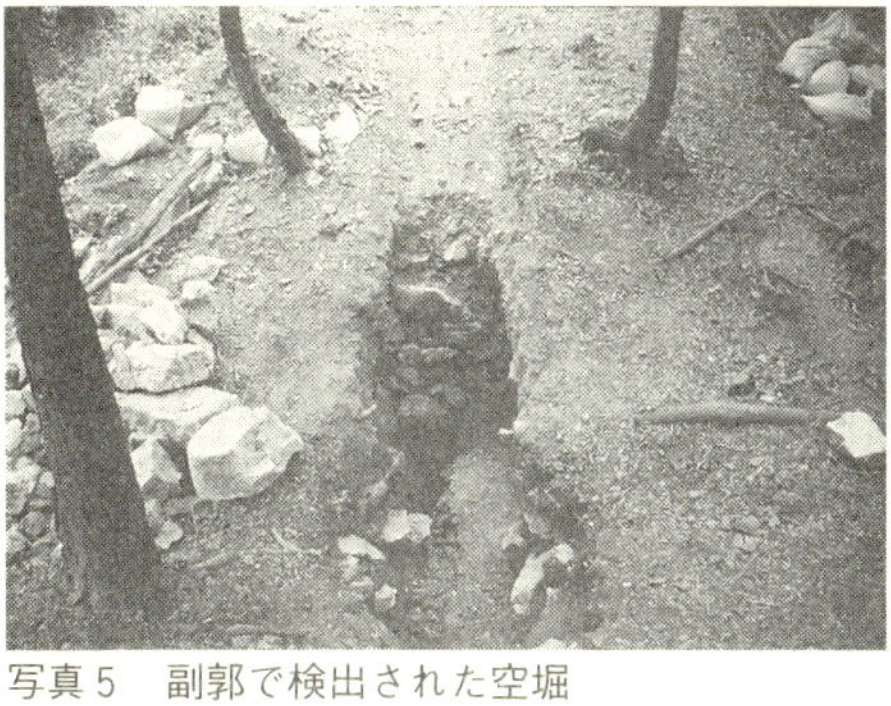

写真5　副郭で検出された空堀

写真６　副郭で検出された空堀

写真７　主郭南辺の石垣（城内側）

写真８　主郭南辺の石垣（城内側）

にトレンチを設定したわけであるが、実はこのように堀切部も石垣で構築されていたことが判明した。写真左側に写る石は、堀切両側石垣の崩れた上部に用いられていた石材で、堀切中に投棄されていたものである。

写真６　その堀切を別の角度から撮影したものである。右手に写る石垣がちょう

ど堀切の岸の部分の石垣である。トレンチ中央に写る石材が崩れて投棄された石材である。堀切の深さは約二メートルあり、その深い堀切を石垣によって構築していたのである。

写真7　ところで、主郭南辺は調査前は土塁と思われていたのであるが、城外側が石垣であることが確認できただけではなく、城内側も一段高く石垣となっており石垣と呼ぶよりも、むしろ石塁《せきるい》、あるいは石築地《いしついじ》と呼ぶ方が適切かもしれない。もちろん城内側の石垣も完全に埋没しており、土塁だろうと思われていた。それが発掘調査によって石塁であることが明らかになったのである。

写真8　同様に主郭内部より写した石塁の状況。写真の左手、ちょうど切り株のあたりに石段が検出された。主郭からこの石段を駆け上って石塁の上に建てられていた施設に入って、寄せ手に攻撃を加えたのであろう。石塁の上部にもトレンチを設定したが、礎石などの遺構は検出できなかったので、この上部施設が多聞櫓《たもんやぐら》のようなものであったのか、それとも塀であったのかは確認できなかった。なお、石塁の芯となる土塁は盛土ではなく、削り残して造成したものであることが確認できている。

写真9　主郭の平坦地の南端に設定したトレンチからは礎石が検出された。写真中央部に等間隔に扁平な石が配置されている。これは一間置きに配された礎石

写真９　主郭南端で検出された礎石建物

で、一間は六尺五寸（一・九七メートル）であった。さらに礎石の左側に並行して据えられた礎石列がある。こちらは半間ごとに配されていることから縁側の縁を支える束柱《つかばしら》の礎石列だと考えられる。こうした礎石群の検出により、鎌刃城の主郭には戦国時代の山城に普遍的に見られる簡単な掘立柱建物ではなく、縁を持つ礎石建物、つまり御殿と呼び得る建物の存在したことが判明した。残念ながら主郭の中心部分は植林によって礎石が取り払われてしまっており、御殿の全体的な平面構造や規模については明らかにすることができなかった。

ただ、主郭の南端で、石塁に接するようなところにまで礎石が配されていたということは、主郭の中央に御殿が構えられていたのではなく、当初から南に偏って建てられていたと推定できる。おそらく主郭の北側は空白地で、軍勢などを揃えるような広場であったと考えられる。こうした偏った建て方も戦国期の特徴のひとつで、例えば芥川山城跡《あくたがわさんじょう》（大阪府高槻市）や、八王子城《はちおうじじょう》御主殿跡（東京都八王子市）などでも同様の建物配置が確認されている。

さらに山城の主郭でこうした御殿が存在したということは、鎌刃城が臨時的な軍事施設としての山城ではなく、居住できる山城であったことを示している。

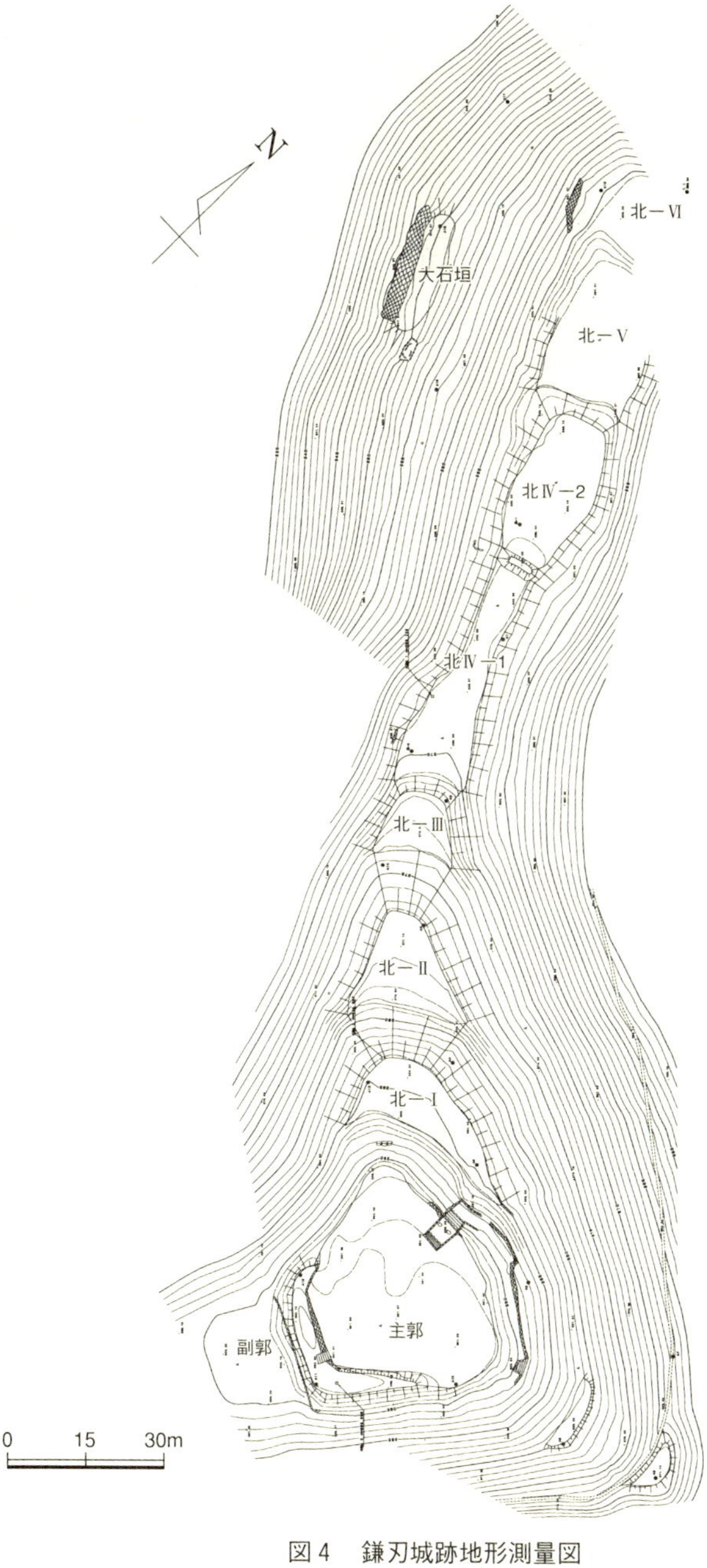

図4　鎌刃城跡地形測量図

写真10　主郭枡形虎口

写真11　主郭枡形虎口前面の石段

さらに主郭から出土した遺物には瀬戸美濃の天目《てんもく》茶碗や備前《びぜん》の大甕、越前《えちぜん》の擂鉢《すりばち》、大量のカワラケをはじめ、碁石《ごいし》などがあり、明らかに生活痕が認められる。こうした御殿遺構や遺物は、鎌刃城が「境目の城」であるとともに、堀氏の「居城」であったことを物語っている。

写真10　主郭北側に設けられた虎口《こぐち》は、平面構造が方形《ほうけい》となる枡形《ますがた》となっていた。ただ、枡形とはいうものの門を入ると左右どちらかに屈曲するのではなく、真っ直ぐに上がる石段が検出されている。つまり枡形構造を採用するものの枡形空間内に入ると平《ひら》虎口となってしまう。写真中央に二つの大きな平たい石が写っているが、これが城門の礎石（鏡柱《かがみばしら》）である。やや背後にも並行して二つの礎石があり、控柱《ひかえばしら》の礎石である。こうした四本柱の形状よりこの城門は薬医門《やくいもん》であったことがうかがえる。この門を潜って石段を上がると城の中心

部分、近世城郭で本丸に相当する主郭に至る。つまりこの虎口こそが鎌刃城のメインとなる城門だったのである。枡形が軍事的に発達した形状でないのも、メインの門という極めて象徴的、あるいは儀礼的な空間として構築された枡形だったからであろう。

写真11　ところで、検出された枡形虎口にどう進入したのかということで、枡形前面の調査をしたところ、五段の石段が検出された。さらにこの前面の石段にどう取り付いたのかということで調査した結果が次の写真である。

写真12　これがその石段前面の状況である。石段の前面には幅一メートルほどの通路が直交する形で取り付けられ、その前面は石垣となっていたのである。つまり、下段の曲輪より真っ直ぐには主郭虎口に入れないわけである。写真真ん中あたりが通路で、写真の左手方向に通路は伸びている。つまり通路を通って直角に曲がって石段を登るという構造になっていたので

写真12　主郭枡形虎口と前面の高石垣

である。そして虎口を防御するようにその前面には切り立った高さ四メートルにおよぶ高石垣が築かれていたのである。

写真13　これが虎口前面で検出された高石垣の正面からの写真である。石垣の石材はそう大きいものではなく、乱雑に積み上げられているのがわかる。その積み方はひと目見ただけで安土城や彦根城などの石垣とはまったく違ったもので

写真13　主郭虎口前面の高石垣

写真14　高石垣に取り付く石段

写真15　高石垣に取り付く石段

あることもわかる。ちなみにこの虎口前面は主郭の北辺となることから、主郭周囲の四面すべてが石垣によって築かれていたこともこれで判明したわけである。こうして検出された石垣を分析してみると、石材のほぼすべてが石灰岩であった。ごく少量ではあるが石灰岩《せっかいがん》以外の石材も使用されていたが、それらは円礫《えんれき》で、明らかに山麓から持ち運んできたものであった。鎌刃城跡自体が立地する山塊には粘板岩《ねんばんがん》が露頭しているが、大変脆く石垣には用いることができない。同じ尾根筋に石灰岩が露頭している場所があるので、おそらく近辺から切り出された石灰岩を用いたものと思われる。

その石垣は非常に隙間の開く野面《のづら》積みとなっているが、調査中にどうも隙間の土と埋土の様子の違うことに気が付いた。隙間の土は粘土であり、間詰石に換えて埋め込んだものであり、接着剤のようにしていたようである。

今ひとつこの石垣で注目できるのは、比較的大きな石が縦方向に一列に積み上げられていることである。これは工区を区切るものか、石垣を築く際の基本線としたもののいずれかと考えられる。

写真14　この高石垣の前面に石垣に直交する形で石段が検出された。これが下の曲輪から主郭虎口に取り付く石段である。石段は複雑で、二方向に分かれているというか、二段別々の石段が検出されたのである。写真右手からこの石段を

写真16　高石垣に取り付く石段

写真17　高石垣とそれを覆っていた埋土の状況

写真18　北－Ⅴ曲輪

左側へ斜めに上り、石垣上端に出ると一八〇度折れ曲がって通路を右手に進み、虎口前面で直角に折れて石段を上るという構造となっていた。

写真15　別の角度から捉えた石垣前面の石段。手前側の石段と、奥側の石段が全く違った形状をしていることがよくわかる。

写真16　これはその石段を正面から撮影したものである。そのため写真右側が虎

口前面で検出された石垣の法面になる。ここでも勾配がほとんどなく、垂直に近い、非常に急傾斜な石垣であることがよくわかる。

写真17　これは逆に石段側から写したものである。写真正面では石垣と埋土の状況がよくわかる。これで見てもわかるように石垣はまだまだ続いているのである。さらに埋土を見ると石材が多量に含まれており、上部の石垣を崩して落とした土砂であった。こうした石垣の崩れが自然の崩落なのか、人工的に崩されたものなのかという疑問が残るが、いずれにせよ更に石垣は高く築かれていたことはまちがいない。さらに言うなれば埋土の土がもともと検出された石垣の上部を覆っていたわけであるから、一見すると石垣の「い」の字も認められなかったわけであり、土造りの城としか思えなかったこともよくわかっていただけるのではないかと思う。

写真18　これは北に伸びる尾根筋に配された北曲輪群のひとつ、北―V曲輪である。ここは発掘調査を実施していないが、除草しただけで建物の礎石が認められた。写真手前の平たい石と、更にその奥、木の根部分にも平たい石が見える。これが北―V曲輪に建てられていた建物の礎石である。ここでも主郭と同様に曲輪一杯に建物が建てられていたようである。なお、写真左端に位置しているのが北―V曲輪に構えられていた虎口である。主郭虎口とほぼ同規模、同構造

写真19　調査前の北－Ⅴ曲輪

写真20　調査中の北－Ⅴ曲輪虎口

写真21　北－Ⅵ曲輪で検出された礎石建物

の枡形虎口であるが、枡形内には三方向に石段が付けられていた。

写真19　北—Ｖ曲輪虎口の調査前の状況である。石段部分がおぼろげながら見えていたことがわかる。これを発掘すると先ほどの写真のようになったわけである。

写真20　これはその枡形虎口の調査中の状況である。枡形中に投棄されていた石材を除去すると枡形内に平たい石が二つ検出することができた。これがこの枡形虎口に構えられていた城門の控柱の礎石である。完掘後、この礎石の前方より鏡柱の礎石一基も検出でき、主郭の虎口城門と同様に四脚の薬医門であった。なお、城外より城内に通じる門はこの一ヵ所であり、いわばここが近世城郭でいう大手門に相当し、主郭虎口が本丸御門に相当しよう。

写真21　北曲輪群の先端に配された曲輪が北—Ⅵ曲輪である。写真はその曲輪の中央に設けたトレンチの状況である。トレンチのほぼ中央に平たい石が一直線上に並んでいる。これがこの曲輪の中に建てられていた建物の礎石である。調査前この曲輪は土塁囲いの小曲輪と思われていたが、調査の結果、礎石が土塁の際まで配列されており、曲輪というよりも、むしろ曲輪全体でひとつの建物を構成していたことが明らかになった。つまり土塁が壁面となる半地下式の建物構造であることが判明した。近世城郭で半地下式、つまり穴蔵を有する建物といえば天守以外には存在しない。この北—Ⅵ曲輪で検出された半地下式建物が後の天守に至る系譜上の祖形ということも充分考えられる。

　検出できた礎石は五間×五間の総柱建物となるが、半地下式となることから、当然土塁上まで建物が建てられていたとなると、現状からは七間×八間という

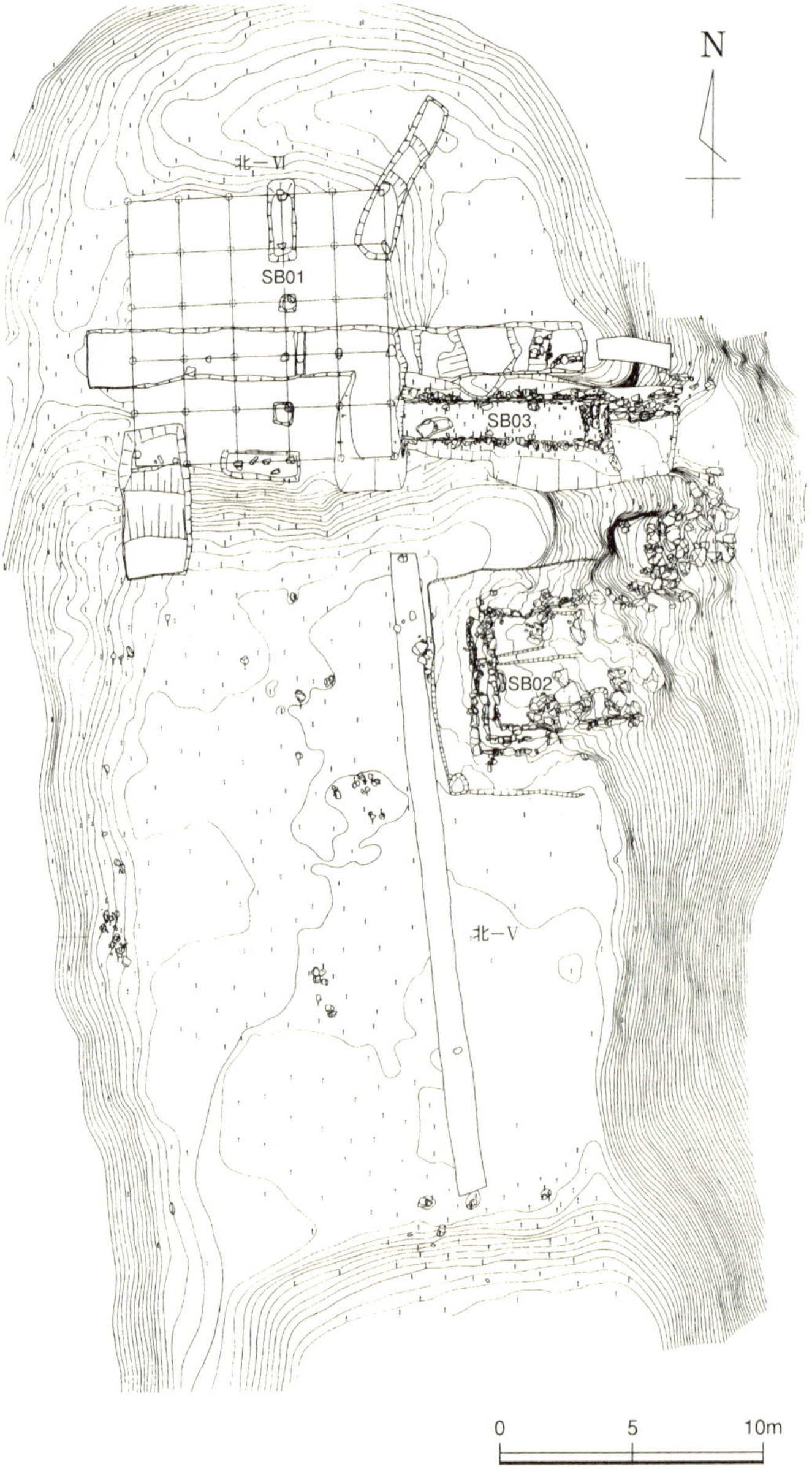

図５　北－Ⅵ曲輪で検出された総柱建物SB01平面図

巨大な建物となることが想定できる。城の先端部分に大櫓と呼べる巨大な重層建築物が聳え立ち、敵に睨みをきかせていたのである。ちなみにここでも一間は見事に六尺五寸となっており、作事については番匠《ばんしょう》など専門の工人《こうにん》が関与していたようである（図5）。

写真22　北—Ⅵ曲輪に進入するために東辺土塁を断ち割る形状で虎口が設けられていたことが確認できた。写真はその検出当初のものである。巨大な石がごっそり詰められており、まるで前期古墳の竪穴式石室のようであった。こうした検出状況は、石垣が自然に崩落したものか、人工的に崩されたものなのかの回答そのものである。これはどう見ても自然に崩落したものではない。廃城時に虎口の中に崩した石を投棄して、虎口を埋めてしまったとしか考えられないのである。これまで鎌刃城跡の調査で石垣の上部がすべての地点で崩れていたが、これこそ、

写真22　北－Ⅵ曲輪虎口の埋没状況

まさに城割り（破城《はじょう》）という行為だったのである。城割りとは単に作事を撤去するだけではなく、普請に至るまで意識的に破壊したわけである。こうした城割りを実施したのは今のところ天正三年の織田信長以外には考えられない。信長の城割りについては文献上からは「大和一国破城」や「河内一国破城」などが知られるが、その方法は今回の鎌刃城跡調査の事例が具体的事例として評価できるものと考える。

写真23　虎口に投棄されていた石を取り上げて行くと、幅一間弱で、両側を石垣によって築いた通路が検出された。

写真24　半地下式建物側から望んだ通路。写真手前右側の扁平な石が半地下式建物の礎石である。このような形状より、この通路が城外と地下室とを結ぶために設けられた通路であることがわかる。

写真25　さらに別の角度から撮影した写真で、通路のほぼ中央に平たい石が六個

写真23　北－Ⅵ曲輪の通路状遺構

写真24　北－Ⅵ曲輪の通路状遺構

写真25　北－Ⅵ曲輪の通路状遺構

配置されているのが写っている。この地下室に至る通路ではあるが、どうもその真ん中に通路を開閉する門が設けられていたようである。

これらが平成十年より五ヵ年にわたって実施した鎌刃城跡の発掘調査で検出した遺構の主なものである。出土した遺物については後載の講演録に木戸雅寿氏より報告していただいているのでここでは詳しく述べないが、調理具、貯蔵具、供膳具としての国産陶器や、貿易陶磁をはじめ多くのカワラケが各曲輪から出土し

写真26　出土した鉄釘

ており、鎌刃城が軍事的な臨時築城ではなく、山城でも生活をしていたことを物語っている。建物と併せて考えると堀氏の居城としても重要な城であった。ところで出土した陶磁器の年代は十六世紀中～後半に位置付けできるものであり、今回検出された遺構もこの年代に築かれたものと考えてよい。おそらく堀氏が浅井長政方に属した永禄二年（一五五九）頃から織田方に内応して滅亡する天正二年（一五七四）までに築かれた遺構ではないだろうか。

さらに出土遺物で注目できるのは多量の鉄釘の出土である。五ヵ年の調査で出土した鉄釘はまだ整理が終了していないので正確な数量ではないが、おそらく五〇〇点は下らない。なかでも最も出土量の多かったのが長さ三～四センチ（一寸～一寸五分）の小さなもので、床板材を打ち付ける釘と考えられる。こうした釘の出土からも礎石建物は床貼りや縁の廻る建物であり、さらに城門なども含め番匠たち専門

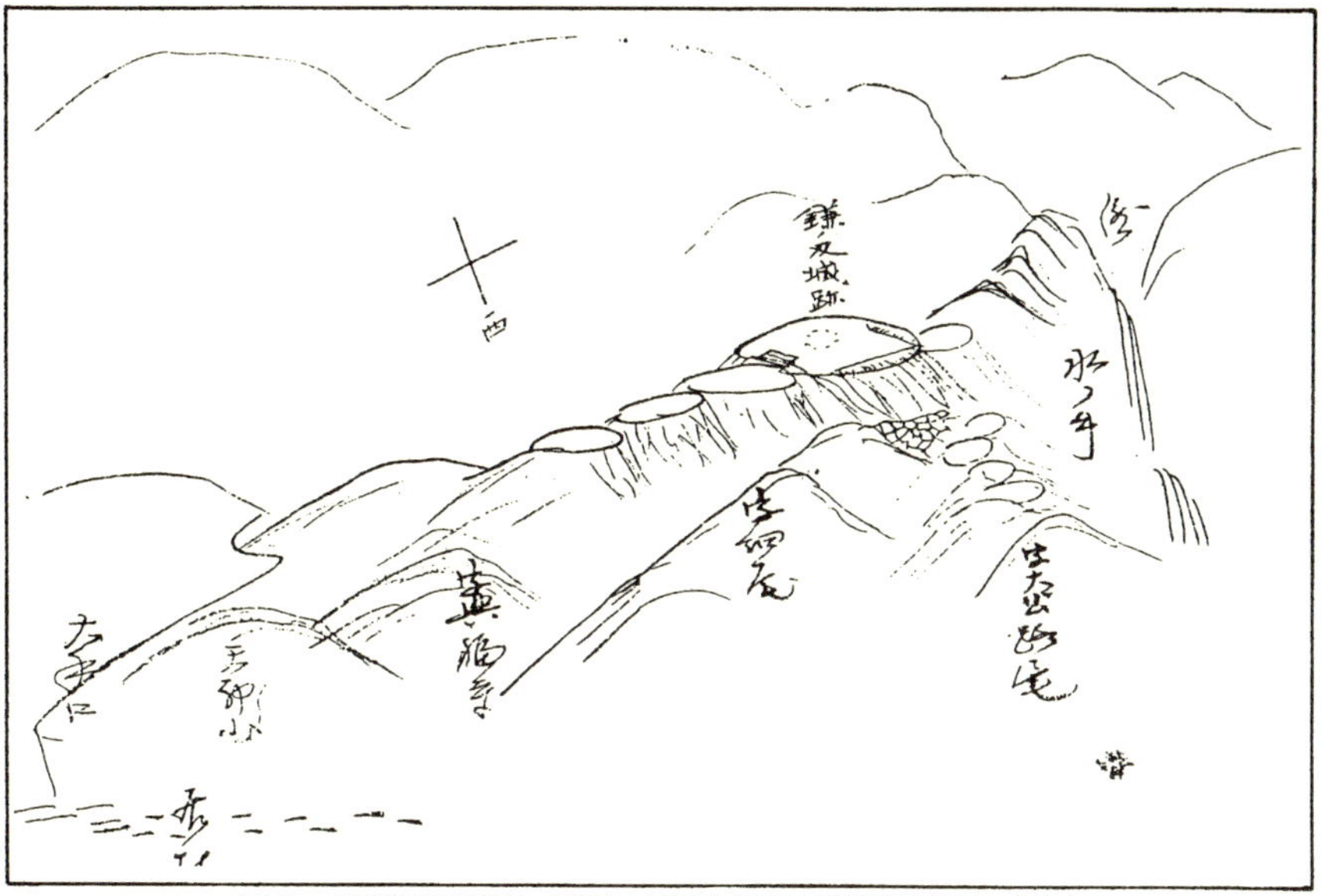

図6　鎌刃城跡絵図（明治14年刊『阪田郡番場村誌』より）

の工人によって築かれていたことが知られるのである。おそらく戦国時代の山城の発掘調査でこれほど鉄釘が出土した事例は他にないのではないだろうか（写真26）。

鎌刃城跡は今回国の史跡に答申されたわけであるが、来年度からはこの城跡をどう整備し、活用してゆくのかという新たな段階に差し掛かる。今回紹介した石垣などの遺構については保存のために埋め戻しをおこなっており、現在見ることはできない。今後長期計画を策定するなかで保存対策を講ずることによって改めて掘りなおしてご覧いただけるようにする予定である。

講演録

鎌刃城調査の意義

大阪大学名誉教授　村田　修三

ご紹介にありましたように私も鎌刃城跡の調査に委員として関わってきましたが、今年、鎌刃城が国の史跡として指定されるということは非常に感無量であります。しかも、この米原町《まいはらちょう》が二月十四日に伊吹町、山東町《さんとうちょう》と合併し、米原市として新しい地域社会の形成に向けて再出発するということですが、この鎌刃城跡が今後如何に活用されていくかという展望も含め、一層期待が持たれるところです。

さて、テーマを「鎌刃城調査の意義」といたしましたが、この意義には社会的と学問的と二つあり、今日の主要な内容は、その学問的な意義というところです。

しかし、その前提として、調査の体制といいますか、調査を支えてきて、また将来に向けて、この成果をどのように活用していくかという、調査の有り方につきましてもお話しておく必要があるかと思います。

何と言いましても、非常に優れた調査成果を生み出すには、それなりに優れた調査技術と、それを支える多くの人の努力が要るわけであります。私も委員会の一員として、次から次へと出てくるその調査成果に目を奪われて、次の調査プランを、言わば催促するような立場だったのですが、調査する側、つまり発掘の担当者は非常なご苦労だったと思います。

あの高い山の上で発掘調査をするということ自体、非常に辛い仕事だろうと思います。登るだけでも大仕事でありますが､それをもうずっと続けて来られたわけです。それと成果が上手く出るような、つまり眼力といいますか、城郭史に堪能した人が担当しなければ、あれだけの成果は得られないということです。その中心にあって、終始指導してこられた中井均さんの尽力に、まず謝意を表したいと思います。

またその環境、つまり、調査を支えた地元の方々、地域環境が非常に良かったですね。米原町長の挨拶にもありましたように、非常に優秀な地元の活動家がずっと支え、また地元でこの意義を普及するという活動をしておられます。その勢いはおそらく地域社会形成の一つの大きな柱になっていくだろうと思います。このように、調査の意義としては、まず調査のあり方自体に非常に感動的な面があったということをお話しておきます。

織豊系城郭の先進性

次に、この調査の学問的な内容でありますが、これはその影響の大きさからして、やはり現在の城郭調査のあり方、城郭研究の流れということと絡めてお話する必要があるかと思います。

最近の城跡調査研究は中世の城から近世の城にどのように移っていったか。特にその転換を担った織田信長、豊臣秀吉へと継がれたあの織豊《しょくほう》権力が、どのように築城を進めていったかというなかで、織豊系城郭と言える非常に特徴のある築城方式が造り出され、それが近世城郭確立への道を大きく広げていきました。この織豊系城郭の研究が非常に大きな成果をあげ、これを軸として城郭史全体を見通すという方向に進んでいるかと思います。

織豊系城郭の先進性としまして、その研究でとくに取り上げられている側面を三点挙げてみますと、虎口《こぐち》、石垣、建物の三つになると思います。そのうちまず注目されたのは、千田嘉博さんがリードしました出入口、虎口の有り方がガラリと変わったということですね。

虎口（出入口）というのは、城全体の入口であるとともに曲輪《くるわ》の入口でもあるわけです。山城でありますと、山の地形を削り、盛り立てる、つまり削平して平場を作っていくわけです。この平場を曲輪と言いますが、曲輪の入口が非常に明瞭に、また軍事的に有効な形に仕上がったわけです。

入口に入りますと、この枡形とか馬出しとか呼ばれる特定の空間があります。その空間に入る時に、折れて、また空間の中でも折れ曲がり、出る時にまた折れるというように、折れをその空間に噛み合わせていくわけです。

それからまた虎口の場所が、曲輪の塁線の食い違いの箇所に上手くぶつけてあるわけであります。折れと食い違いによって規制し、そして一定の空間のなかに導いていくという、この方式が織豊系城郭で確立するわけです。

このことを千田さんはその発展系列を明瞭に編年的に示されたわけであります。これで研究史がガラリと変わって、織豊系城郭を中心にして研究されるようになりました。

次の石垣と建物については、織豊系城郭は石垣と瓦葺、それから礎石を持った建物、この三つが上手く噛み合っているということが大きな特徴であると中井均さんが提唱されました。

そして、それをさらに進めるために、瓦葺、礎石建物と石垣の関係はどうかという点については、三浦正幸さんを中心として研究されております。

建物は非常に明瞭な形で城郭建築と言われる特徴のある構造になり、石垣との噛み合わせも非常に上手くいく。曲輪のへりに迫り出した重い建物を石垣が支えるとともに、石垣と建物の組み合わせで防御性を最大限に発揮できるようになっているということであります。

それを一番良く示すのは「多聞《たもん》」と呼ばれる建物ですね。城壁がずっと石垣で築かれますが、その石垣のぎりぎりにせり出した形で細長い建物が続くわけです。石垣の城壁が高くそびえ、その上に城郭建築がずっと連続するという近世城郭の景観は、「多聞」と呼ばれる、細長い長屋作りの城郭建築でまず基礎が造られ、そしてその隅のところに櫓が建つわけです。そしてその櫓の中枢の象徴的な建築物として天守が建つということであります。

だから天守のみに目を向けるのではなく、まず石垣、礎石建ち・瓦葺の新しい建物と、その組み合わせを見ることが必要です。そして城郭として威力を発揮するのは、石垣の城壁の面全体であって、天守はその一角に、いわば扇の要として位置付けられるわけです。

そういうふうに、織豊系城郭の特徴というものがはっきりいたしまして、それに関わって近世城郭全体を論ずるということになってまいります。

特にその三点のうちの虎口の構造、つまり折れ曲がる、食い違う、それから枡形などの空間をなかに含みこむ、というのは何を意味するのでしょうか。

城の軍事性から言いますと、それは、まず攻めてくる敵兵を規制するということです。敵兵の動き、動線を一定の形に規制して、そして空間のところまで導いてきて、そこで殲滅する、つまり、敵兵を抑えてやっつけるということです。ここで、敵軍の動きを規制・限定するということとやっつけるということの、二つの軍事機能が出てくるわけです。やっつける時には、横矢をかける、前後左右、あらゆる面から射撃するわけです。

そして三番目に今度は敵兵が怯んだ隙を見つけて、城兵が外に撃って出るということです。防御するだけでは城の軍事性は不十分ですから攻撃という面をあわせ用いる。必ず城兵が撃って出て、敵兵全体を殲滅するか、あるいは行動を大きく制限するわけです。

そうして戦力のバランスを変えていきながら、次の段階といえば、普通は援軍の到来を待つという事です。これが城の戦い方の基本であります。

何故、城方が有利かというのは、その攻防戦における守るだけでなく、攻めるという、両方のヘゲモニー＝主導権を握ることができるわけです。その一番の決め手になる道具立てが、虎口ということになります。ですから、この織豊系城郭の特徴、その先進性を見る場合、やはり、虎口に注目すると一番わかりやすいのであります。

織豊系城郭と近世城郭

ところが最近の研究では、そうやって辿り着いた織豊系城郭で話が終わってしまうかのような、つまり織豊系城郭、即、近世城郭という見方で突き進んでいるかと思います。

ところが、実際は近世城郭が新しい幕藩体制の支配拠点として落ち着いていく過程では、何度か小さな変化があるわけです。織豊系城郭の登場というのは一番大きな変化ですが、その次に来る小さな変化がいくつかあり、そして十七世紀の前半のある段階に近世城郭というものが落ち着くわけです。私はやはり織豊に続く徳川の時代に、近世城郭として確立すると思います。

織田信長、豊臣秀吉の生きている間、いわゆる織豊系城郭そのままの段階があり、その次に、関ヶ原以後の徳川家康の下での築城ラッシュの段階があります。そして、特に江戸城、大坂城の大修築にリードされて城のあり方が再編成されていきます。つまり、一国一城令で築城はもう終わったというふうに思われていますが、実際は大坂城、江戸城に代表されるように、すごい築城が進むわけでありまして、その他の大名の築城もどんどん進んでいるわけです。修補、修築、修繕の域を超えた築城が進んでいるのです。

このことは石垣の有りさまを見たら、一目瞭然ですね。織豊期の石垣は殆ど残っていません。近世初期の石垣も稀です。江戸時代に入ってからも、刻々と石積みの仕方は変わっていきます。

最近の仙台城の石垣の修理を見ましても、表に残っていた石垣を剥ぐとその下にもう一つ古い時代の石垣があり、さらにそれを剥ぐと、一層古い石垣がある。つまり三段階、三つの時代の違いが見られるわけです。

仙台と言えば伊達政宗《だてまさむね》ですが、伊達政宗の時代の石垣は一番奥に隠されていた第一次の石垣で、それを築き直して第二次、さらに築き直して第三次の石垣で近世の仙台城の構造全体が落ち着いたわけです。その間、隅の矢倉をはじめとして、縄張りのいろんな箇所が、やはり変えられております。

江戸城も、実は徳川家康の時代から三代の家光の時代にかけてかなり変わっているようでありまして、江戸城絵図で示されるのは家光時代以後なのですね。ですから、まずは研究史の上から見まして、織豊系城郭、即、近世城郭とまでは言わない方が良いということですね。中世からの道のりでは、織田信長の安土城でガラリと変わり、近世城郭の方向はもう決まってしまっています。つまり最初に申しました基本の三大特徴でもう動かないのですが、それ以外のところでは変わっているのです。

中世城郭の到達点

このことを一度頭に入れて、今度は逆に織豊系城郭が現れる前の中世城郭はどうかと考えますと、中世城郭は織豊系城郭を生み出すための踏み台として段々進歩してきて、後進から先進的なものに進んだその到達点が織豊系城郭だという単純な進歩史観で括れるかどうかということです。

近世城郭の見方の変化を微妙に押し当てると、決まったかに見える織豊系城郭ですが、やはり徳川の時代に変わっていくわけであります。どういう方向に変わるかと言うと、江戸城の変貌振りについては、千田さんが推測しておられますが、まだきちんと論証されていません。しかし、織豊系城郭から受け継いできた軍事的な先進性をかなり犠牲にしているのです。家康がせっかくやったのを捨ててしまっているのです。

織豊系城郭がすごいという三大特徴、つまり、虎口、石垣、そして瓦葺・礎石立ちの城郭建築の発達という点から言いますと、夫々の面がもっと進むと思っていたら、事業はますます大規模になって大城郭に発展するのですが、特に一番目の虎口の特徴については、むしろ影を潜めていくのです。

そして、形式化したすごい儀礼空間を作り出すわけです。文化は何でもそうですが、ある程度まで基本的特徴が揃うと、あとは爛熟期に入るわけです。物量的に権力の支配力が大きくなり、どんどん財をつぎ込んでいきますから、物は大きくなるけれども、爛熟期に入ると形式性が強まることになります。

そういうあり方を、逆に中世城郭を見るときに押し当てると、織豊系城郭に落ち着く道だけではなく、中世は中世なりにいくつかの道筋があるわけです。そういう流れのなかで、一番上手に当時の戦国期の政治課題に応えて、すごい城のありさまを切り開いたのが織田信長であり、織豊系城郭がどっと出てきて、天下を制するわけです。

ところがいったんは制するけれどもやっぱりそれでは済まないもので、いろいろな要素が後から出てきて変わるのです。安土城のあり方、豊臣期大坂城のあり方と、それから徳川期大坂城、江戸城とやはり違う面があるわけです。その時代性を踏まえながら見つめていくと、中世城郭も単純に織豊系城郭と比べて劣っているというような目で見たのでは、やはり不十分ではなかろうかと思います。

軍事面重視の大仙山城

そういうことで、中世城郭を見る場合、軍事性という点にポイントを絞って見るとどういうことが言えるかということで、岡山県吉井町の大仙山《だいせんやま》城を選んで説明いた

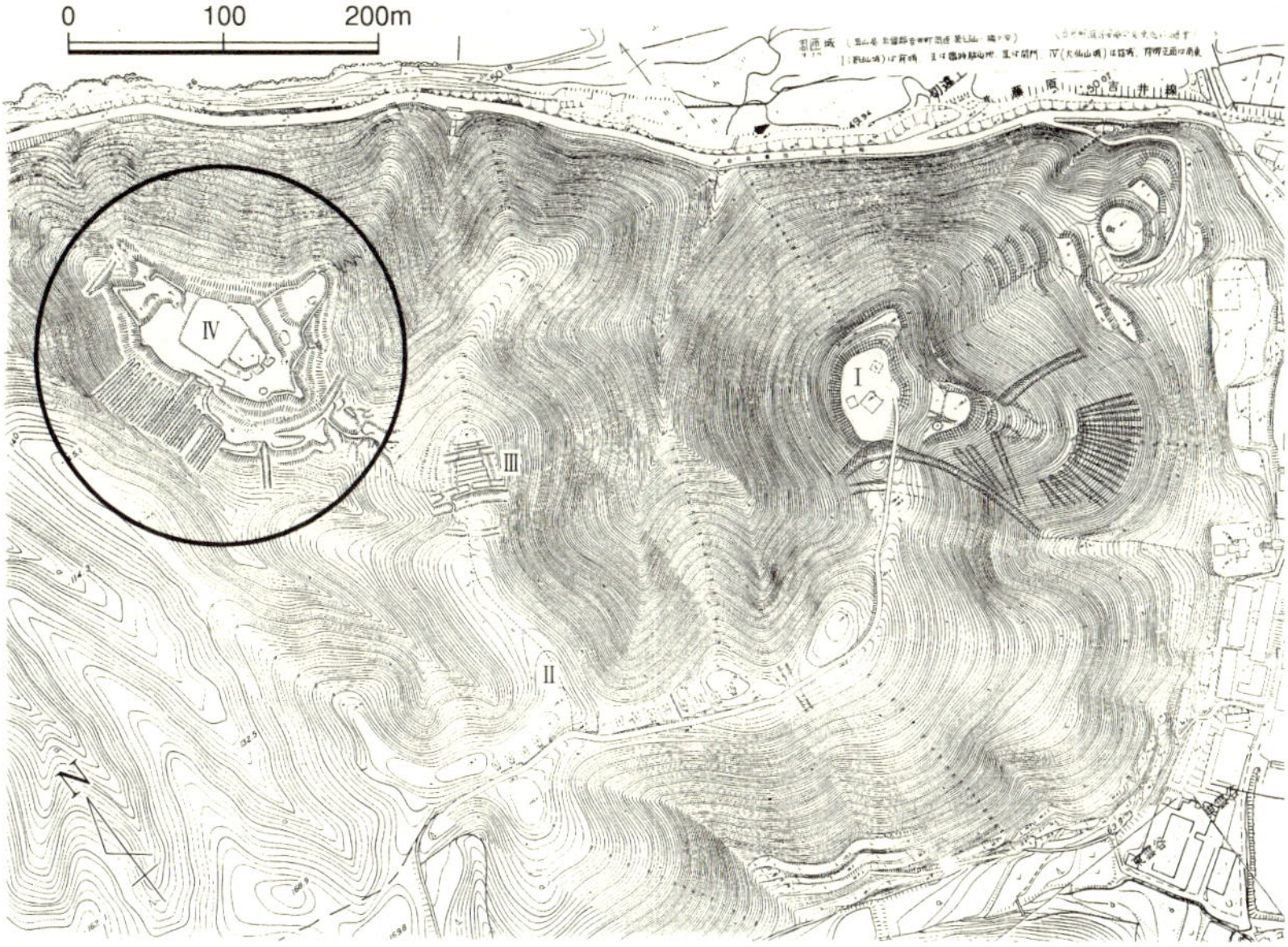

図1　周匝・茶臼山城　大仙山城

します。

場所は吉井川の川筋をかなり遡った備前と美作の国境地帯であります。この上の地図（図1）でみますと、右から上の方、実はここで川が蛇行してるのですが、左上から右の方へずっと流れ下ってるわけです。そして、そういう蛇行のところに、山並みがどーんと突き出した先端に茶臼山《ちゃうすやま》城という城跡があります。この茶臼山城は川の蛇行地点に突き出した目立つところなので、地元の人はよく知っています。

ところが、その奥にひっそりと隠れているのが大仙山城で、図1の左上に丸印を入れたところです。この城は辿り着く道がほとんどない、まさに隠れ城です。途中まではいろいろな施設が作られてるのですが、地元の人も全く気づかないようなところにあります。麓の道は川に沿った断崖絶壁すれすれにあるのですが、中世にはおそらくこの道は無かったと思います。川に接近しているけれども、その近い川からは取り付けないのです。そういう、どうしようもないところにわざわざ城を造っているわけです。

ここは、天正年間に毛利と宇喜多が取り合いをしたのですね。当初、宇喜多は毛利方に付いてましたが、織田がずっと西に伸びてきますと、天正七年に宇喜多が織田方に付くわけです。これでにわかに宇喜多が担う織田の前線と毛利の前線がぶつかります。しかし、その前線は行ったり来たりしまして、両勢力の境界地帯というのは、かなり大きな幅を持っていたようです。

今までの研究では、吉井町までは宇喜多の領分であるが、それ以上のことは言えませんでした。しかし私は大仙山城の縄張りを見まして、これは毛利だと思いました。これに近い毛利方の縄張りの城が山陰地方にあるのです。しかも毛利系の築城のなかでもこの城はひときわ新しいのです。しかし、毛利が辿り着いたのはここまでだと思います。

ですから、これは織豊系城郭を知っている我々の目で、そこに辿り着くだろうという予感で見れば、毛利の限界という言葉で表すことができるかと思います。

その評価は一応置いておき、とにかく毛利が最後の段階で築いたこの城は、どのようにして敵兵に備えているかということをみてみましょう。

東北側の吉井川の絶壁からは攻められる危険性はまず

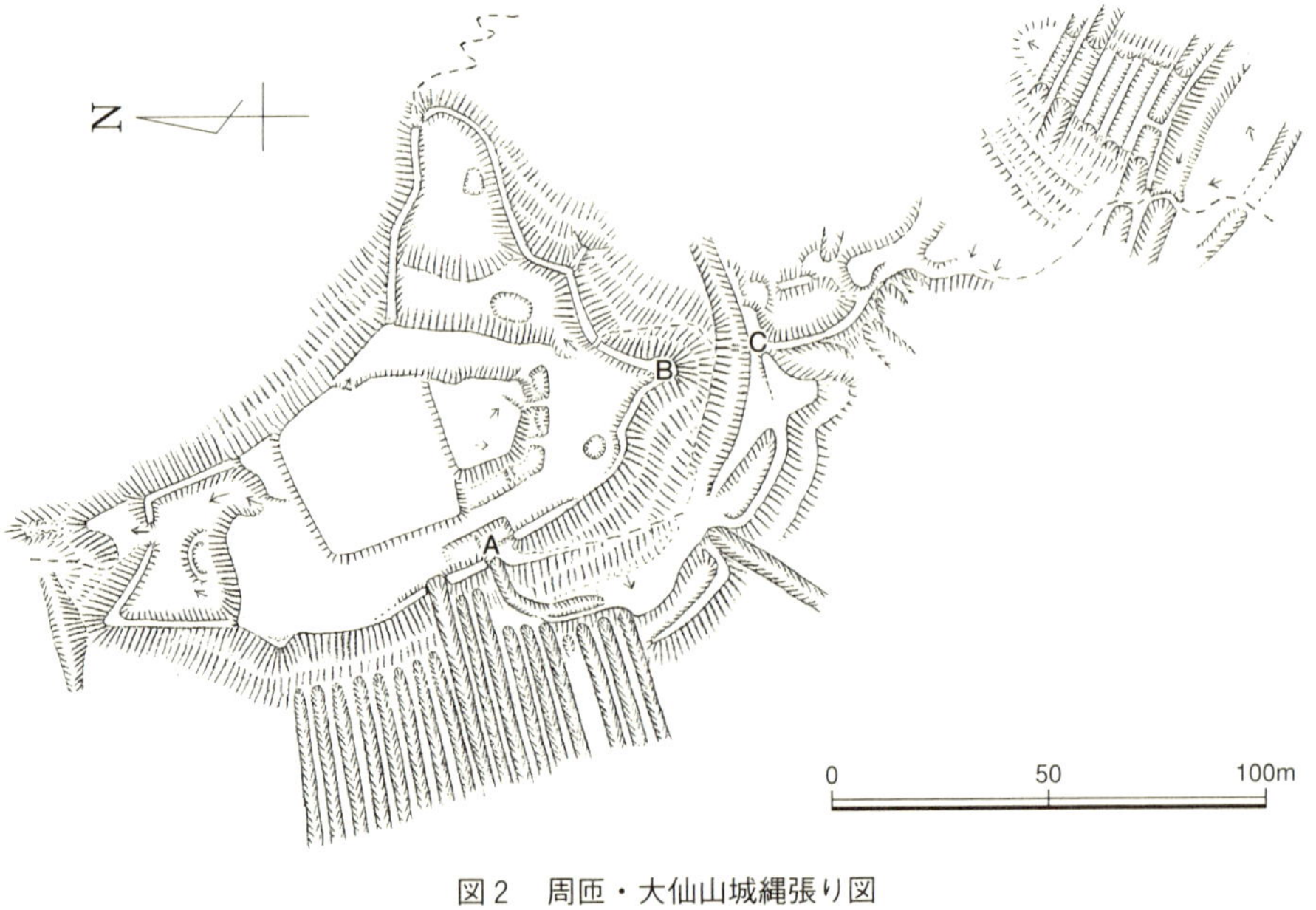

図２　周匝・大仙山城縄張り図

無い。おそらくそちらに隠れた道で降りていって、船を隠しておき、吉井川をおさえるという作戦のための城だと思うのです。

　ですから、専ら、防御正面は尾根続きです。縄張り図では南側、つまり図2の右側となります。

　それから、従来から攻防の対象になっていた茶臼山城が攻め落とされて、尾根伝いに攻め込まれるとするとどうなるか。図1に示しているⅢは奇妙な遺構を示してますが、これは畝状空堀群でもって全部押さえられてしまった奇妙な城跡です。

　これを経て鞍部に降りてきてからが問題になるわけで、鞍部に降りきったところが、図2の縄張り図で示すCになります。そのすぐ上、城跡の大仙山城の周囲をぐるりとりまいた土塁の先端部にBというローマ字を入れています。これは櫓台です。

　そして虎口は、そこから土塁続きにずっと北へ行ったところ、このややこしい形した曲輪の真ん中に食い込むような形で枡形Aがあります。このようにきちんと枡形が出来上がっております。枡形虎口があるわけでありますが、その枡形虎口のAから離れてBという先端部があり、Bという先端部の真下、Cに敵兵はたどり着くわけです。このA、B、Cの連携が、中世の城作りが辿り着いた城の防御の道具立てだと思います。

　敵兵に危ない橋渡りをどこかでさせるわけです。それは狭くしてもいいし、切り立った絶壁にしてもいいし、細い道にしてもいい。そういうのを当時の言葉で切所《せっしょ》（節所）と言いますね。そういう危ない橋を渡らせる。道で言いますと隘路。軍記なんかでは、そういうところを一の木戸、二の木戸という言葉で表していますね。そういう危ないところで一発お見舞いするわけです。そして、それでもなおかつ進んできたものを、また次の切所でもって食い止めようとする。

　ところがここではそのCという隘路の真上にBという櫓台がどーんと突き出しているわけです。ここで完全にCは把握されてるわけです。そして、そのBと連絡できるところにAという虎口があるわけです。この連携が上手くいくかどうかということですね。

　Bで叩き潰したらそれでいいじゃないかと思いますが、先程言ったように、隙を見つけて、城兵は攻め出す必要があるわけです。攻め出すための虎口が近くにないといけないわけですね。その連絡が上手く行ってるかどうかということです。

Cでたたき伏せたから敵兵は一斉にこのややこしい地形からうーんと遠くまで追い返されているわけです。そこでAから城兵が出撃するわけですね。A、B、Cの連携プレイでもって攻防の主導権を握ろうという、そういう作戦が見受けられます。

織豊系城郭は、このA、B、C三カ所の機能を虎口そのものが果たすわけです。織豊系城郭の虎口は必ず嘴のように張り出した場所に設けられます。そして、そこでA、B、Cの要素ですね、敵を抑えつけて、やっつけて、そして攻め出すということをやります。

しかし、山城は地形を利用するというところに利点があるわけで、物量作戦がある規模までいかないと、やはり地形でもって補うということにならざるをえません。ですから、ABC作戦、ABC構造と言うものが限りなく進むと思います。

ところが織豊系城郭は物量でそれを超えるわけです。石垣を用いて、そういうABCの場を人工で造ってしまうわけです。中世城郭はそういう凄さに辿り着かないということは確かに遅れてはいるけれども、そこまでしなくても、もっと有効な形で城を造っていった方がよいという、費用対効果とでもいいましょうか、そういう工夫がまず一つ身に付くというわけですね。

それから今度は逆に、軍事面でなく形式面、或いは儀礼面という点で意外と中世の城にも枡形があります。そこから城内に入った途端に綺麗な道が造られています。途中の山道のどこがルートなのか今ではわからないくらいひどい場合でも、山上に行くと、ずらーっと道を設けてるという例があります。

綺麗な道を造るとかえって防御には不利なんですね。ところが、それを敢えてやってるような城があります。そういう面をずっと見ていきますと、城は軍事面だけじゃなく、支配拠点としての一定の格式を示すという必要性から、形式面・儀礼面を尊重するということがどうもあるようです。

軍事面から考えても、費用対効果から一番有効な方式というものが工夫されているということと、儀礼面ということが重視されていること。そういう二通りの方向で中世城郭を見ていく必要があるのではないかと思います。

一般に中世城郭の一番集約された形である山城は、山という地形の要害性自体が物をいうわけですから、軍事性を中心に追求しますが、ある程度広いスペースが取れるならば、儀礼面・形式面というものを追及するということになります。

ヨーロッパ、或いは大陸系の城郭は、だいたい都市と重なってきますので、一重の城壁を設けています。凄い軍事的な備えはその外周に設けられるわけです。

ところが、日本の山城のような、いわゆる砦というタイプになりますと、順番に守りを硬くしていくわけです。どんどん遮断して、最後をがんじがらめに防御しようとします。内に硬く、外に緩いわけです。

それに対して一重防御のタイプでは総構えを重視してそれで守りきろうとする。凄い要塞がその城壁のあちこちに設けられるわけです。

例えばフランスのブルターニュにディナンという小さな町があり、町全体が城壁で囲まれてます。そしてディナン城が、その城壁の一角にあるのですが、どう見てもその城は城門なのですね。城門が肥大化したわけです。

ブルターニュ候がその辺り一帯を支配してまして、時々ディナン城に入城するわけです。そういうブルターニュの殿様は、あたかも、ディナン城全体からいうと門番なんですね。殿様は門番だったというような奇妙な形を呈します。

日本の城は、山城でドーンと一定度、突き進みますから、平城、近世の城で落ち着いても、やっぱり、内に硬く外に行くほど緩いですね。重層構造も大体三重になっています。一般に本丸・二の丸・三の丸とよばれるあの三重構造です。

ところが一重構造の城を考えますと、内は形式性を存分に発揮しているわけです。そういうタイプの城が、どうも日本の山城にもありそうです。山城でありながら山上がある程度防御されたとすると、内の曲輪は非常に儀礼的な備えをする。綺麗な街路のような道が整備されていながら、防御がうまくできていないというような事例があります。最近発掘調査されています兵庫県の置塩城は、その最たるものです。

形式を重んじた鎌刃城

いよいよ鎌刃城の話に移りますが、鎌刃城は織豊系城郭からすると遅れてるような面がありますが、かなり念入りに造られています。

その大きな特徴はもう何度も紹介されておりますし、中井さんのまとめられたのをご覧いただければと思います。

まず縄張り図を見ればよくわかるのですが、この城は山自体の要害性、険しさでもって防御しようとしています。背後の尾根筋は鎌の刃のようであり、要害的地形を存分に利用しています。

しかし、それだけではなく、凄い手立てがあるということがわかったのです。これまでにも地表観察で縄張り図が作られております。その一番優秀な縄張り図は、この近くにお住まいであった長谷川銀蔵さんとそのご子息の博美さんの、長谷川親子が作った縄張り図がございます。そこで、だいたい中世城郭としての、基本的な特徴は押さえられております。

その段階でわかっていた特徴のひとつは、土塁が凄く発達しているということです。土塁が三種類有りますね。口絵8の鎌刀城測量図で言いますと、北の端、北—Ⅵの曲輪を、くるりと土塁が囲んでおりますのが一つと、真ん中の主郭の南側半分、南の端にある南—Ⅱ曲輪の南端の土塁、以上の三種類です。

この図は縮小して書いてありますので、ちょっと分かりにくいのですが、土塁の上幅を比べますと、北—Ⅵが一番幅が広く、その次に広いのが主郭で、南—Ⅱが一番細くなっています。細いと言ってもかなりの幅はありますが、土塁幅でこのように差があるということがわかったわけです。

その差は何か、今まではよくわからなかったんですね。中世城郭の土塁は防御するときの盾としても使います。そしてその隅には櫓が建っています。盾に使うと言いましても、低くて薄い土塁は、城兵は下に立って土塁を盾にするのですが、幅広いのになってきますと、城兵はその土塁の上に立って防備します。それからその縁のところに塀を設けます。

ところがそういう作戦では考えられないぐらいの幅広になった例があり、主郭の土塁はその域を超えています。

それから北―Ⅵの土塁はもっと幅が広いですね。地表観察の段階の調査では、それ以上わからなかったのですが、発掘しますとそれが一挙にわかったわけです。

一番幅広の北―Ⅵは、その土塁を基礎にして大きな建物が一棟ドカーッと建っていたわけです。土塁で囲まれた凹みは、その建物の地下室だった、穴蔵構造の巨大な櫓建築が建っていたわけです。

するとその櫓は、直接北側の大堀切に臨んでいるわけです。実際は途中に帯状の段があるのですが、そういう櫓建築が建ち、その櫓建築の地下の出入口が北―Ⅴの曲輪の東側の出入口と、下でドッキングしていたわけです。そこから城の道が山腹にずっと続くわけです。

今でもその道を通るわけですが、そこから登ってきてギリギリのところで二つにわかれて、一つは穴蔵・北―Ⅵの曲輪の大櫓の地下室に入ります。そしてもう一方は、北―Ⅴの曲輪に入ります。

北―Ⅴの曲輪の入口のところでまた大発見があり、これはしばしば写真で紹介されておりますが、綺麗な枡形が出てきたわけです。

つまり、枡形からの出入口がその下のテラスのところで巨大な櫓の地下室へ入り込む地下道と連結するわけです。そういう複雑な構造であったということがわかりました。

それから主郭の幅広の土塁は、その土塁に食い込む形で建物の基礎が出てきました。ですから建物に引っ掛けて土塁が機能しているということが明瞭です。おそらく南―Ⅱの曲輪の土塁もそういう何らかの建物と関わって機能していたと思われます。こういうふうに、建物との関わり合い、それから城の出入口との関わり合いというのが発掘調査でわかってきたのです。つまり、虎口を重視した縄張りになり、土塁にまたがる形で礎石建物が計画的に配置されていたという、織豊系城郭に近い特徴が認められたのです。

ところがもう一つ大きな問題は、その出入口の枡形自体の構造なんですね。北―Ⅴの入口の枡形も、真北から入る形になっている主郭も、共に枡形に入る途中にまた凄い石垣があるのです。これは後の加藤さんの話で触れられると思いますが、このような石垣を用いて、際立たせた枡形のありさまが一体どうであるかということです。

北の枡形、主郭の枡形のどちらも、織豊系城郭の枡形の行き方と全然違うわけです。四角い空間を綺麗に仕上げるという形式面の方に走っております。

それから先程の枡形・馬出しのような虎口、出入口での空間の採用というのは、織豊系城郭ではどういう意味があるかといえば、折れと噛み合うから意味があるわけですね。敵兵の動線を制約する、抑えるというところに意味があるはずなのですが、鎌刃城の場合には、そういう機能はほとんどありません。枡形に入ってからは、動線は真っ直ぐなのですね。枡形の下の石段までは折れてきますけれども、石段を上がって枡形に一歩踏み込むとそのまま向きを変えず、また上りの石段を踏んで曲輪の中心に入っていくわけです。こういうのを平入りと言います。せっかく枡形を採用しながら、それが平入りであるということです。軍事的にはこれでは意義が薄れるわけです。

しかし形式面から言うと、非常に色々な効果を発揮するのだろうと思います。わざわざ、ギリギリに押し出して枡形を設けているのに、その枡形には横合いから入り、その枡形があるところには、おそらく城門がドーンと建っていたわけです。城門で示される立派な虎口空間が、真下から仰ぎ見られるように、凄い石垣をわざわざ設けているわけです。もうすこし同じ平入りで来るのならば、引きを取って、順々にこう近づくようにすればいいのですが、一挙にドーンと枡形を備えたその肝心なスポットが、真下から仰ぎ見られるようにしていくわけです。

それから、北―Vの枡形は、なんと、石段が三方にあるわけです。枡形に踏み込みますと、右、左、正面と石段が各面に三段ほど設けられてるわけです。何か、そこでの動線の出会いというものを意識しています。もし工夫するならば、左か右の石段だけに限定したほうが枡形の軍事的活用として意味があるのですが、それは捨てているわけです。

鎌刃城は天正二年に廃城となったと考えられていますが、この築城者は、おそらく織豊系城郭の登場とその普及というのを知っていたと思います。また、それまでに枡形をどう使えば軍事的に有効かということも知っていたはずです。

しかし、築城者はそれよりも、形式を重んじた形に仕上げているわけです。つまり、織豊系城郭に早く追いつけという物指しで測り、その後進性を悔しがるというような見方で中世城郭を見るのではわからないということです。

中世城郭もやはり、新しい大名支配の大きな力を示す場を作ろうとして、いろいろ模索し、城作りに努力が注がれているわけです。しかし、どうも織豊系城郭のように綺麗な形に進まないのですから、やっぱり全体が劣っていたという見方も確かにあるでしょう。早く軍事面で集約した方がいいんだと言うことですね。

先程、織豊系城郭がさらに展開していって、近世城郭で完全に落ち着くという話をしましたが、千田さんがいみじくも江戸城で指摘したように、家康段階の凄い縄張りが、家光段階では捨てられているという、もったいない話があるわけです。

つまり形式面を追求するわけです。家康段階の江戸城だと、西の丸の方から迂回して本丸へ入っていたのを、家光段階では大手道が三の丸・二の丸・本丸と直通する形になっているのです。単純になったかわりに夫々の枡形が整形化された上に、巨大化して要塞のように強化されています。

そういう展開の仕方を逆に中世の方にさかのぼらせてみると、中世は中世なりに軍事的な工夫も、儀礼的な仕上げ方も、両方追求しているわけです。その大きな違いは、築城時の上手下手ではなく、時代の違い、社会全体の仕組みの違いだろうと思います。

それを一番端的に議論できるような材料として示してくれたのが鎌刃城であります。しかし鎌刃城だけで議論が出来るかといえば、そうではなく、関連したいろいろな城を見てほしいわけです。ですから、大仙山城のお話をいたしまして、無関係の城を持ってこられたと思われたかもしれませんが、いろいろな中世城郭を見て、中世は中世なりの方向で軍事面、形式面を追及していることを理解する必要があるのです。

そして、織豊系の洗礼を一部受けている可能性のある鎌刃城でも、やはりこういうことをやっているということですね。織田信長がおそらく抑えにかかった時代に最終の改築をされたのだろうと思うけれども、そういう時代でも、やっぱり単純に行かないわけであって、そこには中世なりのものすごい思いがこもってるということです。

　また近江という地域では、城はこうあるべきだという思いが、この辺りの支配者の観念のなかにあったに違いないわけです。そう考えると城跡はゆるがせに出来ない。そういうことを物語る上で、鎌刃城はやはりいい事例であり、非常にいいレベルの城跡であるから、国の史跡になったわけです。

　地域の人にとって、この鎌刃城をきっかけにして、この地域のあり方・個性を考える機運が高まり、その地域構想の中にこの城跡が活用されていけば、一層国の史跡にした甲斐があるのではなかろうかと思います。

鎌刃城の石垣構造

織豊期城郭研究会　加藤　理文

はじめに

私に与えられた課題は、鎌刃城《かまはじょう》の石垣の築造年代について解答を出すという難しいことです。今日は、石垣の特徴から考えられることを少しお話させていただきます。

ご存知のように、石垣は自然石を積み上げたものから、加工石材を積み上げたものへと変化していったことは間違いありません。関ケ原合戦後に築かれた石垣については、ほぼその変遷を追うことが可能です。しかし、石垣が登場する段階、つまり織豊《しょくほう》系城郭が成立する前後の段階についてはあまりよくわかっていません。鎌刃城の石垣は、そのよく解かっていない織豊期城郭の成立前後のものだという位置付けができます。現時点で、この石垣が織田政権によるものなのか、それ以前の浅井氏の関係によるものなのかはわかりません。どちらとも考えられますが、少なくとも安土城にさかのぼること十年ほどの間に作られていることだけは事実です。安土城の石垣と比較すると、たった十年間で石垣構築技術が飛躍的に進歩したということが理解いただけると思います。

その十年間に一体何があったのか、それが一番の問題です。口絵7で鎌刃城の石垣使用箇所を確認してください。主郭《しゅかく》を中心とした部分と北側を中心とした部分、主要部にこれだけ石垣を設けています。石垣そのものの写真ではなく、石垣の配置だけの図を見せられたら、おそらく織田政権か豊臣政権の城でしょうと私は答えると思います。鎌刃城は、それほどの規模の石垣が随所で使われており、当時の城としてはあまりに変わっています。大櫓《おおやぐら》（80頁図3）があること、全山石垣を使っていること、その石材が真っ白の石灰岩であることを考えれば、当時城下から見たらとてつもなく異常な城が山上部にあったということになります。この鎌刃城が、どういう経緯で、どのような技術を用いて作られたのか、石垣構築は誰が持ち込んだのか、それが大きな問題点なのです。

織豊政権誕生以前の石垣・石積み

出現期の石垣（石積み）は、当初から上に建物を建てることを想定して作っているとは限りません。まず、土留め、つまり曲輪の土が流れないようにするために石を積んだわけです。その後、上部に土塀《どべい》や櫓、重層櫓《じゅうそうやぐら》、天守を乗せるようにと変わってくるのですが、単なる土留めだけの石垣であれば、その上に建物を建てることは出来ません。無理に建ててしまえば、石垣は崩れるはずです。建物を建てるための石垣と、土留めのための石垣では、構造が大きく異なるからです。では、建物を建てても崩れないようにするにはどうすればいいのでしょうか。まず、ほぼ直角に立っている石垣の角度を緩やかにして、建物の加重に耐えられるようにすることです。さらに、裏込め石を入れることによって排水を良くします。また、丈夫な石垣とするため、石材そのものをなるべく大きくしていくことも必要です。当然、隅角《すみかど》が一番崩れやすいので、隅角を崩れないようにする工夫を凝らさなくてはなりません。前述のような工夫がなされて、初めて石垣上に建物が建てられるようになってきたのです。

使用石材の問題も考えなくてはいけません。鎌刃城の石材は地元の山で産出する石灰岩を使っています。この石灰岩以上に割れやすい石材として、浜松城の石材として利用されている珪岩《けいがん》があります。浜松城の天主台はとても古式だといわれますが、珪岩はどうしても剥離していきますので、非常に古く見えてしまうのかもしれません。石材による見た目の違いはあるはずです。出現期の石垣に利用する石材は、どんな石でもよかったわけです。しかし、技術的進歩の過程で、適した石材が見つかってきたのです。石垣として使用するためで、一番加工に適している石材を調達して、それを加工して石材として使っていく。その流れの中で江戸期になると、石材を含め全国統一規格の石垣が完成を見たのです。当然、発達段階の過程で様々な石材を積み、この石は向かないとか、この石はやめたほうがいいという、そういうことがきっとあったはずです。その中で、一番向く石材を見つけ、使うようになったのでしょう。ただ、そういう石材を調達できないところでは、致し方なく地元で調達する石を使っていたということではないかと思います。

先ほど言いましたように、鎌刃城の石垣は織豊政権誕生前後のものだということは間違いありません。その頃、全国に石垣の城は他になかったというわけではありません。織豊政権以前の石垣は西日本を中心としてかなり各地に分布しています。毛利《もうり》氏の城、宇喜多《うきた》氏の城、近江では観音寺城《かんのんじじょう》があります。それらの城では独自の技術で石垣を構築しています。

各地の石垣についてあまり共通項は認められませんが、おそらく同じだろうと認められる点はいくつかあります。石材の大きさがほとんど人頭大くらいで、あまり大きな石は使われていないというのは共通する部分になります。

また、鎌刃城の石垣はほぼ垂直に積み上げていますが、同じように各地の石垣も垂直指向が見られます。どの石垣も、八十～八十五度と非常に垂直に近い角度になっています。また、鎌刃城の石垣の高さは四メートルほどですが、五メートルを超える石垣は織豊政権成立以前にはほとんど見ることができません。

鎌刃城の石垣は口絵3のように崩れた部分もありますが、基本的には自然石を積み上げた石垣になります。隅角部にあたる算木《さんぎ》積みもまだ未発達ですから、隅の積み方が一定していないという特徴もあります。

当初期の石垣には、裏込め石が認められませんが、やがて裏込め石が恒常的に認められるようになります。なかには裏込めがあるものもありますが、この頃の裏込め石は、非常に少なく幅もわずかでした。織豊期以降になりますと、一～二メートルもある非常に厚い裏込めがあったり、栗石《ぐりいし》をいれて粘土を敷いて、さらに栗石を入れて粘土を敷くことをくり返す丁寧なものも見受けられます。織豊期以前の石垣は、裏込めがしっかりしていないのは共通項でしょう。また、本来でしたら石材そのものを奥に深く、見えるところを狭く、いわゆる「牛蒡積《ごぼうづ》み」で積んでいけば崩れてこないわけですけが、そういう積み方ばかりではありません。積み方、築石部《つきいし》がとにかく一定していません。

三メートル以上高く積むためにはどうしているかというと、ほとんどセットバックを利用しています。つまり、石垣を高く積みたい箇所では、そのまま高く積み上げていくのではなく、中途に小段を設け、セットバックして積み上げる。これを繰り返し、トータルすれば九メートルの高さの石垣になるわけです。単体では、それぞれ三メートルの石垣となり、技術的な問題はありません。要するに、一気に高く積む技術がなかったと理解できます。これは鎌刃城でも見られる現象で、各地で高く積むための共通点となっていました。

鎌刃城の石垣の特徴

鎌刃城の石垣は、どのような特徴を持っているかをまとめたいと思います。それは、次のような点になります。

・自然石を積み上げた石垣
・裏込め石はほとんど見られない
・ほぼ垂直に積み上げている
・二〜三段のセットバック工法によって高く積み上げている
・隙間に間詰石の代わりに粘土をつめている
・上部に巨石を使用し、上から押さえつけている
・主要部全域にわたって石垣が使用されている

上部に巨石を利用している点については、本来なら下部に大きな石を利用して、上部には大きな石を利用しないほうが安定すると思われます。だが、北—V曲輪虎口の大櫓の石垣には、下に小さな石を利用して一番上に大きな石を利用していたような痕跡が認められます。なぜ、巨石をわざわざ上に持ってくるのでしょうか。上から押さえつけて、石材を安定させる目的があったのでしょうか。このように、その理由が不明な点もあります。もう一つの特徴は、**写真1**に見られるように、石材と石材の隙間に間詰の変わりに粘土を詰めている点です。縦と横に二段ずつ大きな石材を用いてますが、その他はすごく乱雑で小さな石材となります。まず乱雑に積み、次に二段丁寧に積みラインを築く、という積み方をした可能性もあります。このような奇妙な石垣は、全国どこにもあ

写真１　鎌刃城の石垣

りません。問題点として技術の伝播について挙げましたが、これは鎌刃城独自の技術で、どこにも伝わらずに終わってしまった可能性が高いと思います。写真からもお解りだとは思いますが。下段の一番きれいな縦のラインが上部の石段のラインにちょうど合っています。偶然の一致とは思えませんので、何らかの理由があるとは思います。このように、鎌刃城の石垣は、他では見られないだけに、様々な特徴を有す石垣なのです。

今後、鎌刃城の石垣を考えていくにあたっては、次のような問題を解決していかなければなりません。現時点では、これらの明確な解答を出すにいたっていません。

・浅井—朝倉方によって築かれたのか、織田方の技術によるのか
・観音寺城等にみられる、寺院石垣の構築技術の利用はあったのか
・後世への技術の伝播はあったのか
・安土築城の石垣構築に、関わりはあったのか

以上四点が国指定を受けてこれから整備・復元をして

いく中で解決をしていかなくてはいけない問題だと思います。現段階で、おぼろげながら推定することは可能ですが、明確な解答は不明といわざるをえません。さらに、発掘調査等を進め、石垣の特徴を細かく分析し、問題解決に向かっていく必要があります。全国の多くの研究者から、忌憚の無いご意見を伺えたらとも考えています。

安土城の石垣

鎌刃城と安土城の石垣を比べてみると、まったく違うことが一目瞭然です。わずか十年間でなぜここまで違ってくるのでしょうか。

写真2の安土城の石垣は、非常に統一性の取れたきれいな石垣に見えます。しかし、安土城の石垣は、曲輪単位は同じですが、場所が変わると積み方も異なっています。全体的に見れば、統一性がとれたかに見え、個別では個性のある石垣ということになります。例えば、大手門東側で検出された石垣は、毛利氏の「石つき之もの共」による、縦石を何枚か並べたところに横石を積んでいくという技法がみられました。別の場所では、人頭大ほど

写真2　安土城の石垣

の石をただ乱雑に積んだ部分もあります。写真2の隅角部分は完成していませんが、ほぼ算木《さんぎ》積みに近くなってきており、算木への志向が見られます。一つひとつの積み方はアンバランスでありながら、全体的に見るとなぜか非常に統一がとれた石垣に見えるのが安土城の石垣です。これは、「最低限、ここだけは守りなさい」ということを、築城者側から言われていたからでしょう。石工《いしく》集団に対して石垣の技術水準を維持するための規制や命令があったということですね。それが織豊期城郭のスタートで、やがて本能寺で信長が死ぬと、その後を継いだ秀吉が真似をしていくわけです。

豊臣政権の成立と石垣構築技術の普及

石垣だけでなく、安土城と豊臣大坂城は非常によく似ています。豊臣大坂城についてしっかり解明していけば、ある程度真の安土城の姿に近づいていくことができるのではないかと思っています。天下様となった秀吉は、信長の真似をしているだけで、自分では何一つ考えていなかったんじゃないのかなあと思ってしまうほどです。おそらく、大坂城にも自分の考えはほとんど入っていないのかもしれません。細部では秀吉好みが入っていると思いますが、全体的なもっとグローバルな見地で見た場合はほとんど信長の発想を形にしただけではないでしょうか。

当然、石垣も信長の真似になります。天下普請（割り普請）で全国から職人を集めると、それぞれ別々の積み方になりますが、最低限の基準を満たせば、全体的に見ると非常に統一性のある石垣に見えるということです。その時に全国各地から集まってきた大名たちが、秀吉が好みそうな一番良い石の積み方を見ていく。秀吉が天下を統一し、豊臣政権が全国政権になっていくと、全国で秀吉好みの城が作られるようになっていきます。聚楽第《じゅらくだい》を造るときに「諸大名は、秀吉に気に入られるような屋敷を作っていった」という記録が残っています。要するに、各地の大名たちが秀吉が気に入るような城を作るようになっていくわけです。模倣なのか、模倣ではなく政権側の命令もあったと思いますが、広島城や岡山城といった、より大坂城に近い形の城が全国各地にできてくるわけです。大名たちは、自ら持っていた技術を捨てて統一政権と同じような石垣を施行していくことになり、地方独自で積んでいた石垣がなくなっていく。毛利氏で考えれば「石つき之もの共」などの独特の積み方がなくなっていくわけです。統一政権が積んでいる石垣に近くなる。それが当然の帰結だと思うんですが、地方独自の石垣が駆逐されていって、秀吉が死ぬ頃になるとそれがほぼ全国統一規格になってしまうのです。

全国統一規格の石垣と鎌刃城の石垣

やがて関ケ原合戦が起きて、豊臣方の大名の大幅な領地替えによって築城ブームとなり、全国いたる所に城ができてきます。秀吉子飼いの武将たちだけでなく、豊臣政権下で大名となった武将たちは、当然のごとく秀吉好みの石垣を持つ城を築くわけです。何度も、同じ石垣を築き、その積み方が一番積みやすい方法になっていたということです。東北や関東の方は取り残されていきますが、全国で石垣を作っていきますので、それが全国統一規格の石垣として普及したということです。

その後、石垣の構築を省略化していくことになると、初めから加工石材を持ってきて、それをパズルのように当てはめていって完成させていく。すでに石切り場で「この石は天守台の右から三番目のどこどこに」ということまで決めるような段階までいったのかどうかはよく分かりませんが、そういった方向だったと思います。それが一番合理的な考え方ではないでしょうか。そうして全国にあった独自の技術が駆逐されて、統一政権が好む石垣が全国規格になって残ってきたと私は理解しています。

それが、鎌刃城の石垣構築技術が後世に伝播されずに取り残されてしまった理由だと今のところは考えています。皆さんからも、ぜひご意見やご質問をいただければ幸いです。雑駁な話で申し訳ありませんが、以上で終わりたいと思います。どうもありがとうございました。

73 鎌刃城の石垣構造

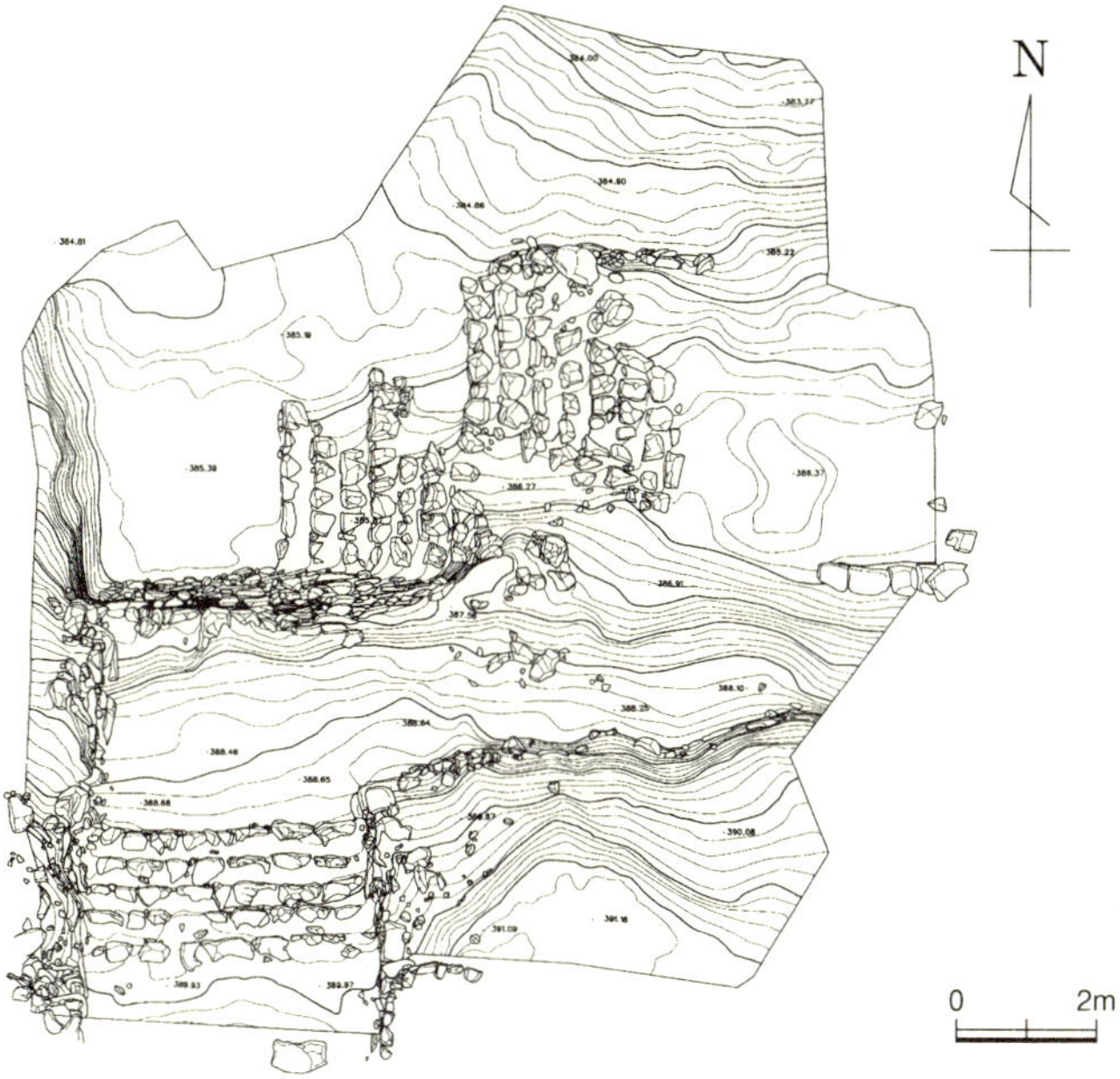

図１　鎌刃城石垣平面図

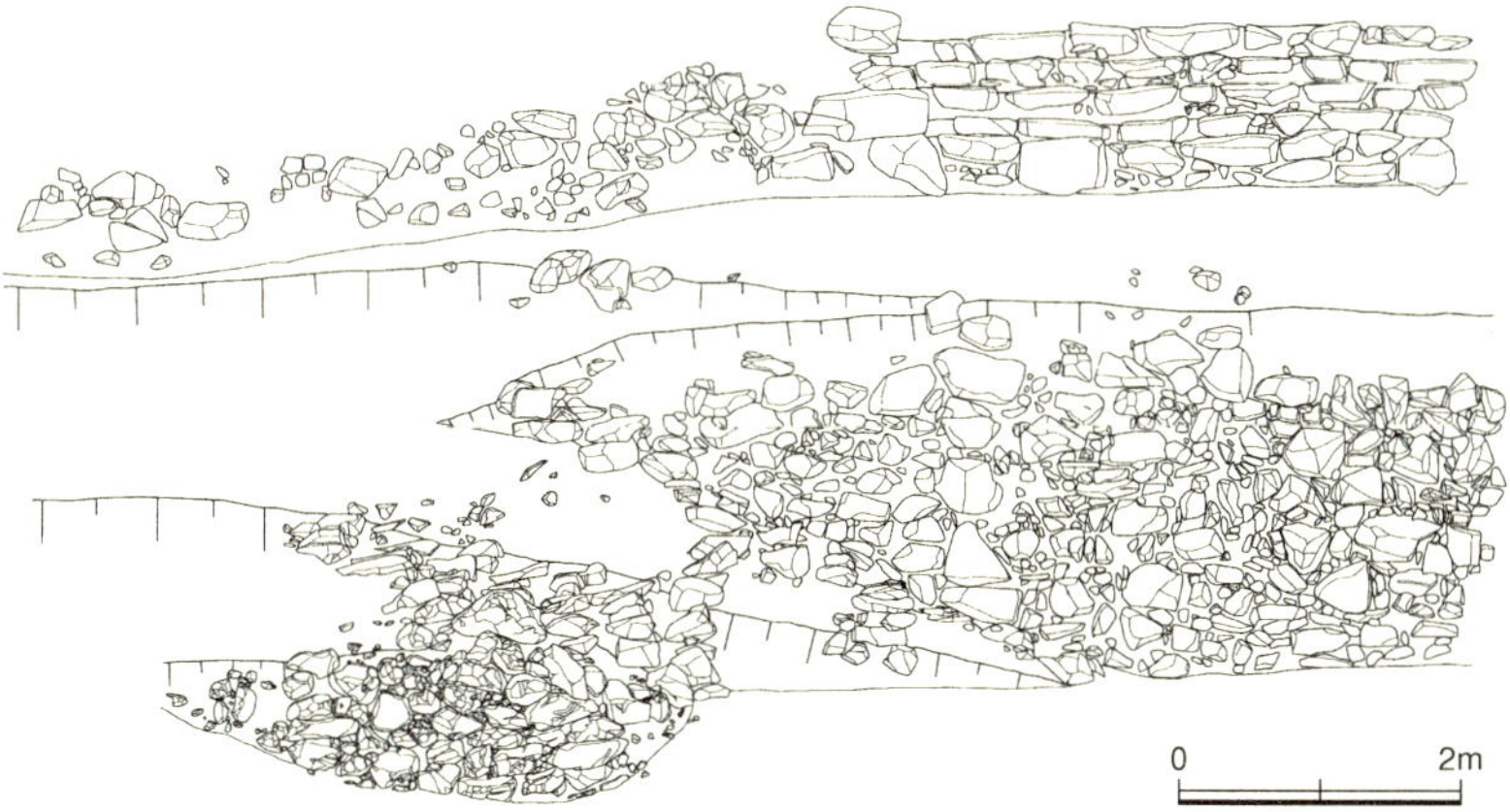

図２　鎌刃城石垣立面図

鎌刃城の建物を復元する

広島大学大学院教授　三浦　正幸

広島大学の三浦です。一昨日の真夜中の十一時半ようやく鎌刃城の復元図ができあがりましたので、これを使ってお話をしたいと思います。

さて、鎌刃城の主郭、後の本丸に相当する部分ですが、そのなかに礎石を使った建物がぎっしりと建っています。山城の一番上の曲輪などに建物をぎっしりと詰めるようなことは、普通はないので、鎌刃城は大変に珍しい城であると思います。

これまで中世の山城、中世といってもほとんどが室町時代ですが、室町時代の山城というものは、ほとんど建物が建っていないというのが常識であったわけです。

中世の山城を発掘しますと、穴がいっぱい出てきます。掘立柱の穴です。掘立柱の穴がびっしりと出てきて、どれが建物だか何だかさっぱりわからない。そこでそのうちのいくつかの柱穴を選んでつなぐと掘立小屋になります。その辺に生えている松や杉を切って造った丸太小屋で、だいたい三間掛ける二間、つまり六坪くらいの掘立小屋が造られていました。多分、城兵がそこで暮らしていただろうと思います。

もちろん掘立小屋ですから十年も持ちませんので、ほぼ十年に一回ずつ建て替えます。例えばお城が二百年持ったら二十回建て替えるということになり、だから発掘してみますと穴だらけという、非常に情けないものばかりが出てくるのが中世の山城です。

ところがこの鎌刃城の発掘成果によりますと、そういった掘立小屋ではなくて、一間が六尺五寸、つまりこれは京間ですね。六尺五寸ですから一メートル九十七センチ、約二メートルになります。しかも非常に正確に石を並べて、その石の上に建物を建てていたのです。それは完全に御殿ですから、この鎌刃城は大変立派な城である、今まで知られていた中世の山城とは全然違うことがわかってきました。

一間ごとに並んだ礎石の謎

さて、鎌刃城ではたくさんの建物跡が発見されておりますが、今日は一番センセーショナルと思われるものを選んでお話しようかと思います。口絵8に鎌刃城の測量図がありますが、この測量図の一番上の方に堀切が二つ並んでいて、その突端に北の第六曲輪（北―Ⅵ）という小さな曲輪があります。この曲輪は村田先生の話にも出てきましたが、まわりに土塁がめぐっております。発掘成果により、一箇所に入口がある、要するに虎口があるのがわかりました。なおかつ、土塁の内側から礎石がびっしりと並んで出てきました（40頁図5参照）。先ほど言いました一間・六尺五寸の幅で、びっしりと五間掛ける五間、つまり縦横五間五間に並んだ、二十五坪の建物の跡が出てきました。それで、これは一体なんであろうかというので、私が呼ばれて、鎌刃城との関わりができました。

けれども、考えてみますと非常に変なものなのです。周りに土塁が回っていて、ちょうどその入口のところだけ一間くらいの幅が切れており、そこに石垣が張り付いています。それが入口、虎口です。中にぴったりと五間四方の建物が入っているという、こんな変なものは見た事がありません。

建物というものは、だいたいはワンパターンに出来ていますから、簡単にわかるのですが、この鎌刃城だけはさっぱりわからないのです。要するに土塁の中に建物が建っていると思ったからわからなかったのです。

私は四百年前の鎌刃城の建物を見たことが無いのですが、今日は見てきたような嘘みたいな絵を後でお見せいたしますが、五間四方の中に礎石が、つまり柱がいっぱい建っているのです。そして非常識なのは、この礎石が全部碁盤の目の交点のように並んでいることです。碁盤の目のように柱を建てますと、これは住めません。皆様方の家もよくご覧になったらわかりますが、部屋の中には柱がありませんよね。部屋は外周に柱があるものですから、八畳の間でしたら当然真ん中には柱がないのです。一間ごとに柱を全部建てたら、例えば八畳間のど真ん中にも柱が建つことになります。しかしこんなところには住めません。そういうものは日本の建築として非常に不合理です。

なおかつもっと変だったのは、建物の跡がすり鉢状になっていることです。まわりが土塁になっていて、その土塁の際のところまで礎石がありますから、そこにも柱を建てます。当然日本の建築ですから屋根が無いはずはないので、屋根をつけます。五間以上の建物はずいぶん大きいですから、雨が降ると大量の雨垂れが出ます。その雨垂れが全部この土塁にかかります。土塁にかかると土塁が崩れてしまうだけではなく、崩れた土塁の土砂が全部建物の中に入ります。こんなものは住めやしない。それどころか建物として成りたたないのです。

そこでどうもおかしいと思って、ひょっとしたらこれは穴蔵ではないのかと考えたのです。そう考えてみますと、そのおかしな土塁の意味もわかってきます。

先ほど村田先生が「土塁というのは二種類ある」とおっしゃっていました。幅の狭い土塁と広い土塁です。上の幅の狭い土塁は塀の代わりですから、土塁の下に立って、土塁の天から頭だけ出して敵を見ようというものです。幅の広い土塁は上に乗るものです。上に乗るためには、土塁の上に土塀かなんかを掛けなくてはいけないのですが、この北の第六曲輪のまわりにある土塁も幅が広いものです。穴蔵の中の建物は、もうひとまわり大きく外まで建ててあったとしたら、この土塁の上に乗っかるのです。つまり五間四方の建物のまわりに一間ずつ延ばすと土塁の上に乗ります。そうすると、七間四方ですから四十九坪、つまり畳百畳敷きくらいの非常に大きな建物になります。

次はそんな建物は何であろうかと考えると、日本の建築の常識では七間四方の建物といえば、たったの二種類しかないのです。ひとつはお寺の本堂、もうひとつは御殿なのです。だから御殿か本堂にしかならないのです。

七間四方のお寺の本堂があんなところに建っていたわけはございませんので、これは御殿が建っていたということになります。常識はずれのとんでもないものであることがわかります。

なおかつ、御殿というのは普通、床下に地下室がないのです。要するに穴蔵はないのです。御殿の下に穴蔵があるもの、これは一体何かというと、天守しかないのです。どう考えても天守になってしまうということです。

織豊期の天守との比較

そこで、資料を見ていただきたいのですが、図1は豊臣時代の大坂城の天守です。これは現在の天守とは違い、豊臣秀吉が天正十三年（一五八五）に建てて慶長二十年（一六一五）の大坂夏の陣で焼け落ちた天守です。石垣の上に建っていますが、石垣の間の所に入り口がありますす。これが石垣の中の穴蔵の地下室に入るための入り口です。その上に天守がどんと載っている。大坂城天守の石垣はだいたい鎌刃城の北第六曲輪の土塁と同じように穴蔵の周囲をぐるっと回っており、一箇所だけ切れてるところに門が建ち、上に天守が載っているのです。だから鎌刃城の北第六曲輪と全く一緒です。

次に図2を見ていただきますと、これは織田信長が天正七年（一五七九）に建てた安土城の天主の復元図です。うちの研究室の大学院生佐藤大規君に作ってもらったものです。

安土城天主が載っている台は、両側に堤防みたいな石垣があって、その中の柱が建っていた礎石があるところが穴蔵です。要するに地下室です。鎌刃城の場合ではこの穴蔵、地下室が五間四方で、安土の天主の場合は九間です。安土の方がはるかに大きいのですが、これをちょっと小さくした五間くらいのものが鎌刃城の穴蔵なのです。この穴蔵の中に、ぴったりと一間ごとに柱を建てて、その上に太い梁を渡します。柱の上に梁を渡すと、今度は碁盤の線を引いたようなものができます。碁盤の目みたいなものを台にして、その上に天守を載せる、これが日本の天守の構造です。安土の天主はそのようにできていたのです。

このように天守を考えてみますと、鎌刃の北第六曲輪から出てきた五間四方の礎石建てで、まわりにぐるっと土塁がめぐっているものは、安土や大坂城の天守と同じような構造をしていたというふうに考えるのが一番合理的です。

そのように考えて鎌刃城の復元図を作ると、図3のようになります。一応名前としては、本当は天守と付けた

図１　豊臣大坂城天守復元南立面図

©復元：石井正明

図２　安土城天主復元南立面図
©復元：佐藤大規

いのですが、天守（天主）と名前を付けたのは信長で、もう少し後のことです。この頃は天守という名前はなかったので、大櫓と名付けておいたのですが、後の天守に相当する建物であるといえます。

これは断面図にしておきましたが、この真ん中の柱間の数を数えるとわかりますが、五間分の穴が開いています。まわりを土塁がぐるっと囲っており、その上に梁を渡して、建物の一階を載せています。

そのように考えますと、鎌刃城の北第六曲輪というのは、今まで曲輪だと思っていたのですが、実は一つの建物の台座であるという気がしてきました。後に本丸、二の丸というものを曲輪といいますが、だいたい中世の山城は、その曲輪のひとつひとつが小さいのです。小さいのですが、それは曲輪という認識であった、要するに本丸や二の丸と同じようなものという認識であったのですが、一棟の建物が一つの曲輪の全体を占めて、その上にどかっと乗ってしまうとは、今だかつて考えたことがなかったことです。

それからまた後の織豊期の城を考えた時に、例えば安土城には天主というものが建っていたということが知られていますので、現在の安土城の天主台を見ると天主が建っていたのだろうと思うのです。しかし、もし安土の天主の存在が記録に残ってなかったとしたら、あの天主台の上は、たぶん天主と思わずに、小さな曲輪であったというふうに思うかもしれません。こうしていろんなことを考えてみますと、鎌刃城の大櫓はどうも安土の天主の原型だったのじゃないかというような気がいたしま

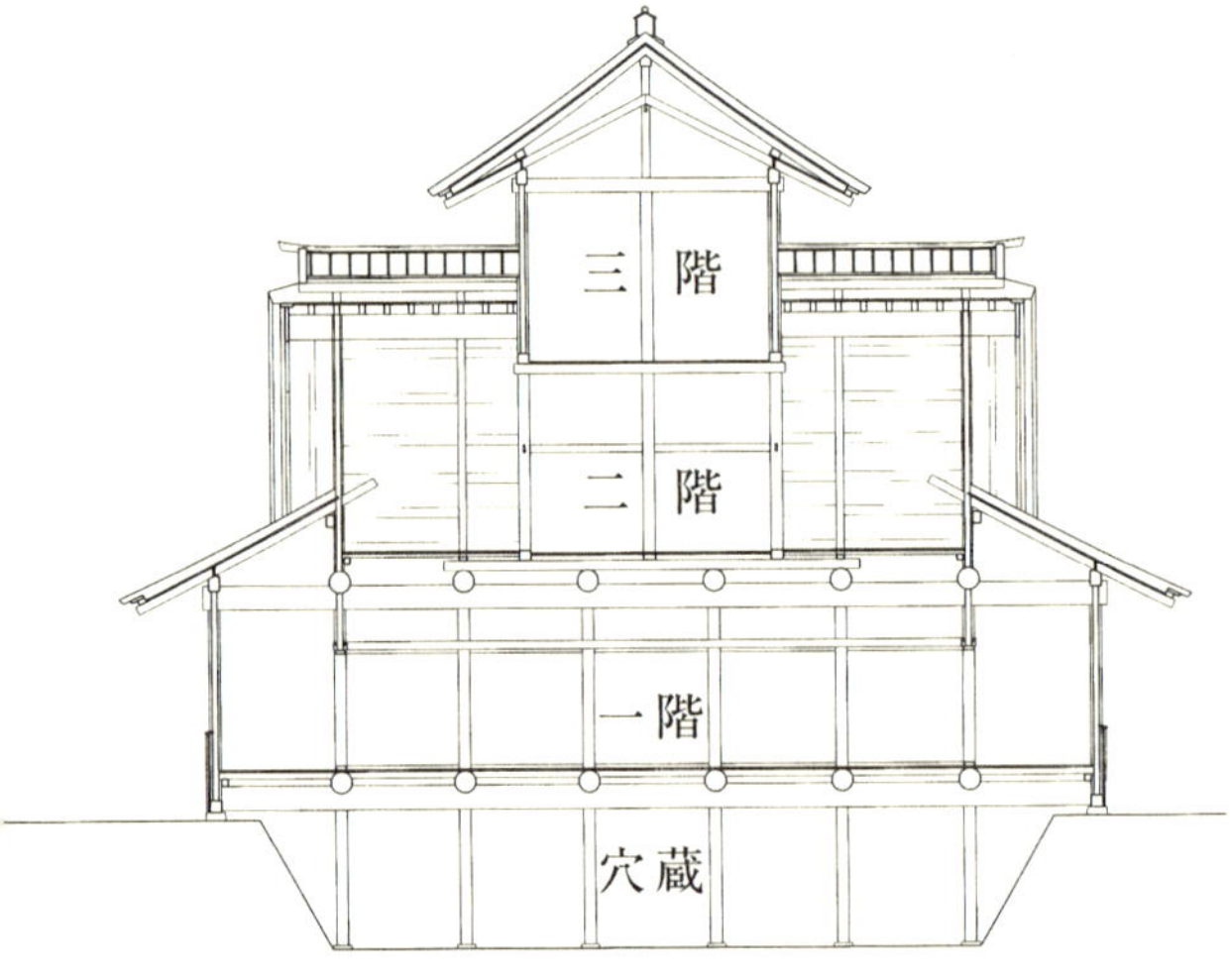

図3　鎌刃城大櫓復元断面図
©復元：三浦正幸　作図：山田岳晴

す。

天守といいましても、鎌刃城の大櫓は安土の天主と比べますと随分小さいのです。ついでに口絵8の測量図を見ていただくと、ほぼ真ん中のあたりに、城内で最も広い主郭、本丸に相当する曲輪がございます。その曲輪の上にもし安土や大坂の天守を建てたらどうなるかというと、ほとんど曲輪いっぱいになります。いかに安土や大坂の天守が大きかったかというのがわかるでしょうし、そうした曲輪ひとつが大櫓の台座となり、織豊期の城の原型となったと考えると、鎌刃城は普通の城ではないなということが言えるわけであります。

穴蔵で城を支える

さて、この鎌刃城の北第六曲輪の建物が本当にこのような大きな櫓であったかどうかについて、もう少し深く考えてみましょう。まず、なぜこの穴蔵（地下室）があるのか。普通だったら、平らにしておいて、そのまま上に建てればいいだろうと思うわけです。それをわざわざ地下室を掘って、その上に建てているのです。天守のほとんどは地下室をもっています。

地下室すなわち穴蔵というのは、穴の「蔵」ということく、いろんなものをしまっていた蔵と言われています。ある城では火薬庫になっていましたし、またある城では金蔵になってました。とにかく物を入れるための蔵がこの穴蔵だったのです。倉庫として使うために穴蔵があった、と今まで建築の先生方は言っておられたのです。

しかし、よく考えてみますと、倉庫にするのだったら、別に天守の地下を倉庫にしなくても、曲輪はいっぱい空いていますので、そこに蔵をいくらでも造ればいいのじゃないかと思うのです。そうすると、こうした穴蔵は、もっと別の意味があっただろうと考えるのが普通なのです。実は当時の技術を考えてみますと、天守のような高層建築を、穴蔵なしで建てるほど勇気が無かったと考えるのが一番かと思います。要するに平屋建ての建物ならまだしも、高い二階建て三階建ての建物を建てようとするからです。

当時の日本人は高層建築というのは、五重塔や三重塔といった塔ぐらいしか知らなかったのです。ましてや、人が二階に上がるような建物なんていうのは滅多に無かった時代です。足利義満の金閣とか義政の銀閣というのはありますが、一般的には当時は平屋建ての家に住んでいた時代であり、建物の二階に人が住むなんてことはあり得なかった時代なのです。

そこで天守のように二階、三階どころか三階、四階、五階といった高層建築を建てるときに、これまでそれを建てたことのない大工としては非常に不安になります。ましてや高い石垣の上に建てるとなりますと、石垣自体も、高い石垣が積まれるようになってからまだそんなに年代が経っていない時期ですから、そんな高層建築、重たいものを石垣の上に乗せて大丈夫なのかと。これは技術者として非常に不安になるところなのです。

後の慶長十七年（一六一二）に尾張名古屋城の天守を造る時も、その時ですら問題になっており、結局どうなっているかと言うと、尾張名古屋の天守もちゃんと穴蔵があるのです。そして天守の本体の重さは全部、地下の穴蔵の柱で支えているのです。また穴蔵の周りには堤防状に石垣があります。要するに鎌刃の土塁のようなものを想像していただいたらよいのですが、その上に建物の一階や外壁が載るのです。その石垣の上に載っているのは一階の外壁の重さだけなのです。だから天守は石垣の上に建っているけれども、実は重さはほとんど地下の穴蔵の礎石が支えていて、石垣は一階の外壁の重さしか支えていない。これが天守の構造であり、尾張名古屋の大天守はそのように造られていました。

そう考えていきますと、安土城の天主も大坂城の天守も全部そうです。要するに穴蔵の中で支えるということになる訳です。

そうしますと、この鎌刃城の場合、穴蔵の中に五間四方びったり礎石が並んでいて、そこにいっぱい柱を建てている。こう考えてみますと、この建物は大変に重たい建物ではないかと思われます。さきほどの想像でいけば、土塁の上にとにかく建物が載ってないと土塁が崩れてしまうので、少なくとも地下室を持って上に御殿が載った格好です。平屋の御殿の下にわざわざ穴蔵を造るわけがありませんので、どう考えても、この北第六曲輪にあった建物は重層の御殿、二階以上の建物でないと、こんな馬鹿馬鹿しい建て方はしないだろうということになります。

そして平屋でないとなれば、屋根の上にもう一つ建物を載せる事になります。日本の重層の建物というのは、屋根の上に別の建物をどんどん順番に載せて造っていくのが古い時代のやり方でしたから、屋根の上に建物を載せようとしたわけです。

もう一度、鎌刃城大櫓の図（図3）を見ていただきたいと思います。下に大きな屋根があります。その屋根の上に別の建物を載せた状態になっています。そこで屋根の上に別の建物を載せるとどうなるかと言うと、七間もある建物の巨大な屋根の上に建物を載せているというのは、ものすごく巨大な屋根裏部屋が途中にできるということで、絶対に三階建てよりも高くないと、建物として成り立たないのです。だから鎌刃城のこの建物は、地下が一階で地上が最低限三階建て以上というふうになってしまいます。最低限三階でして、上限はわからないのですけれども、あまりに過激な事を言ったら怒られますので、とりあえず最低限の三階建てで復元するとどうなるかという事で、図のように屋根裏の中に一階を造って、その上に三階を載せてみました。

屋根が下の重と上の重で二つありますから二重。内部の階数が地上三階、地下一階という形になります。こういう形になりますと、これは後の世になりましたら必ず天守と呼ばれる建物ということになります。先ほども申しましたように、まだこれは信長の天主ができる前ですから、特別大きな櫓であるということから大櫓と名前を付けておいたわけです。

従いまして、この図は柱から長押《なげし》から全部細かく書いていて想像がたくましすぎてインチキくさい感じがしますが、どうしてもこのようにしかならないわけです。日本の建築というのは先程申しあげましたように非常にワンパターンですので、二十五個の礎石だけでよくこんなこと書けるなぁと思われるかもしれませんが、これ以外の事は考えられないのです。

但し、考えられないと言いましても、一つだけ条件がありまして、発掘が正しく行なわれている限りということです。中井先生が掘りましたので、発掘が間違っているわけがないと確信しているものですから、鎌刃城の端の上には大きな櫓が建っていただろうという事になります。

次にこの断面図だけではあまりピンとこないと思いますので、口絵7の鎌刃城の復元想像図をご覧ください。

私が最初に来ました時に、こういう建物であったはずだと粗雑に書いた図を元にして、えらく綺麗に書いていただいたのですが、その左の下の端に建っている一際大きな建物、これが北第六曲輪の大櫓の推定復元です。図3の断面図の外側がこんなふうになっていただろうということです。ただ下側の石垣はまだ発掘されておりませんので、まだわかりませんけれども、とりあえず石垣は付けてあります。だいたいこんな格好であっただろうと考えられます。

次に屋根を見ていただきたいのですが、屋根は柿葺《こけら》きと言いまして、薄い木の板を重ねて葺いたものです。柿葺きの大櫓では火でも付けられたら燃えてしまうのではないかと思われるかもしれませんが、実はこの大櫓は先程言いましたように、下が七間角の御殿なのです。御殿の上に建物を載せております。城の御殿も、室町将軍家の御殿も屋根には瓦を使わないというのが大原則なのです。瓦葺きというのは城門と櫓に使うものです。もちろん櫓と言いましても大櫓ではなくて小さな櫓のほうです。小さな軍事的な櫓と城門には瓦を使うけれども、御殿には瓦を使わずに柿で葺くという大原則がありましたので、それで瓦を使わずに柿葺きであろうと考えられます。なお、付け加えますと、信長の天主から瓦葺きに変化したものと考えられます。

従いまして、このように復元されるわけなのですが、もし今鎌刃城の北第六曲輪の位置に建てましたら、おそろしくよく目立つ建物で、あそこに大きなお城がある、立派な建物が建っているなと一目瞭然にわかる、鎌刃城の象徴みたいなものになると思います。

この大櫓が本丸に相当する主郭ではなく、なぜ一番端っこの北第六曲輪に建っているか、なぜ本丸にないのかということですが、近世城郭でも、山城の場合は天守というのは必ずしも本丸に建っていないのです。端のほうの一番目立つところに建っている近世城郭の天守は多くの例がありますので、おそらくこれが鎌刃城の天守だったのじゃないかという気がいたします。

織豊の城郭、後の近世城郭、どちらにしましても、お城の一番中心となりますのは天守ですが、この鎌刃城の大櫓が、多分穴蔵を使って高層建築を建てると言う基本理念の始まりで、織田信長の安土の天主、それからそれが豊臣の大坂城の天守に受け継がれて、その後、名古屋城、江戸城といった巨大天守は全部それで造られています。

そういうことから考えてみますと、この鎌刃城は日本全国の城の総元締め・総元祖・本家であっただろうと、高く評価することが出来るのではないかと思います。

まさにこの鎌刃城から日本の城の天守が始まったらしいということで、私の話は終わらせていただきたいと思います。どうも御清聴ありがとうございました。

陶磁器から見た鎌刃城

滋賀県文化財保護協会　木戸　雅寿

こんにちは。『よみがえる安土城』の木戸です……と言いましても、今日は、残念ながら安土城の話ではなく、本業のお話をさせていただくことになっております。私の本業は発掘調査、いわゆる考古学です。考古学の分野の仕事が本業であり、お城はマニアでと言うと叱られるかもしれませんが、日々は、財団法人滋賀県文化財保護協会で発掘調査をしております。お城だけをやらせていただけると非常に嬉しいのですが、残念ながら仕事では、縄文時代から近世の時代まで各時代の遺跡の調査をしなければなりません。

今日は特にお城仲間の中井さんに頼まれまして、「陶磁器から見た鎌刃城」という題でお話をさせていただきます。

遺構と遺物

最初に少し前提と言いますか、みなさんに知っていてもらいたいことがありますので、まず「考古学とは」ということから話を進めます。少し前までは、考古学者を目指す大学一年生ぐらいの学生は必ずといってよいほど『通論考古学』という本をまず始めに読みました。これを書かれた浜田耕作先生はいわゆる日本考古学の父とも言う方ですが、先生によると「考古学は過去人類の物質的遺物を研究する学なり」と定義されています。したがって考古学で扱うのは、この「物質的遺物」という五文字になります。

では、物質的遺物とは一体何かと言いますと、ここにあるマイクもそうですが、人間が道具として作った形あるもののことを言います。それを考古学では、特に二つのものに分けて扱うことにしています。一つが「遺構《いこう》」で、もう一つを「遺物《いぶつ》」と言います。現地説明会に行かれたことのある方や新聞でみられたことのある方は、文字としてご存じかもしれませんが、説明される調査員は必ずこういう言葉を使われていると思います。難しい言葉ですね。「遺構がある」とか「遺物が出ている」とか、そういう言葉で説明をされていると思います。

それでは、遺構と遺物とは一体何を示しているかと言いますと、「遺構」というのは人類が大地に残した足跡のことを指します。足跡といっても本当の意味の靴の足跡ではなく、例えば人が穴を掘ったり、山城ですと山を削って郭を造ったり、土を盛り上げて土塁を造った、石を積んで石垣にしたりというような、そういう人が大地に対して行為として残したものを「遺構」と呼んでいます。これは現地から持って帰ることはできないものですよね。たとえば石垣を切り取って持って来ようと思っても、別の場所にそのまま持って来ることはできません。現地でそのままの形で保存しなければ価値を失うわけです。

鎌刃城では、山全体が遺構になるわけですから、山を削り取ったり、石を取ったり、移動させてしまうとその文化財の価値は全くなくなるということになります。遺構というのは、つまり現地に付随しているもので、いわゆる不動産にあたります。

次に、同じく人類が作った物です。たとえば道具のように、その場所から移動しても全然、形も物自身の性質も変わらないもの。それを我々は「遺物」と呼んでいます。何故これが大事かと言いますと、これらを見ることによって、ここに含まれているいろんな情報をここから知ることが出来るからです。

例えばここにあるこのペットボトルのボトルの形やキャップです。知らないという前提でみます。これはなんだろう?と考えます。液体を入れる容器? こぼれないようにするための蓋? このように考えます。これは人間が考えだしたもので、自然にはないわけですね。だから、何故この形が良いのか。たとえば持ちやすいとか、回しやすいとか、潰し易いとか、そういう情報がこの一つの物のなかに全て凝縮されていると考えられるわけです。

考古学を学んでいる人達は、そういう物の細かな形をひとつずつ観察して、その意味や意義を考えてひとつずつ位置付けていくというのが仕事になっています。最終的にそれをずっと積み重ねていって、そこから歴史を導きだそうというのが考古学の仕事です。

鎌刃城出土の遺物

では、これからそういう話を交えながら、陶磁器を始めとする出土遺物から見た鎌刃城の様相、鎌刃城は遺物から見ると、どういうことが考えられるのかというお話をさせていただきたいと思います。

まず、我々は、発掘調査をしますと、遺構を写真に撮ったり、図面に残したりして、それを分析し、最終的には『発掘調査報告書』というものを必ず出版することになっています。これを見れば、遺跡のことはだいたい分かります。しかし、わかるのは実は考古学の専門家だけで、ほんとうは一般の人は読んでもなかなかわからない。これが現状です。こういった本はお近くの図書館や、教育委員会に行かれると必ずあると思いますので、ぜひ一度ご覧になってください。

今はこの『鎌刃城発掘調査概要報告書』に掲載されている図を使って説明します。

まず図1です。ここには不思議な図があります。お皿のようにも見えるし茶碗のようにも見える。下の方のものになると、まるっきり何がなんだかわからない図がたくさんのっています。実はこれは記号のようなもので、考古学の人はこれを見れば何かとすぐにわかるようになっているのです。たとえば船や飛行機のシルエットだけで、これは何という機種か名前を当てる人がおられますが、それと非常に似ています。

我々は勉強するなかで、そういう形を見て、ものを覚えていくということをずっとやっています。そうすると、これが何かというのがわかるようになるのです。これからその知識を使って、ひとつずつ説明していきたいと思います。

では、図1・2をもう一度見てください。実はこれをいくつかに大きくわけることが出来るのですが、わかりますか？　わけるにあたっては、自分の身近なものに置き換えていくと、わかってくると思います。例えば、家にいて生活をするためには住まなければいけませんよ

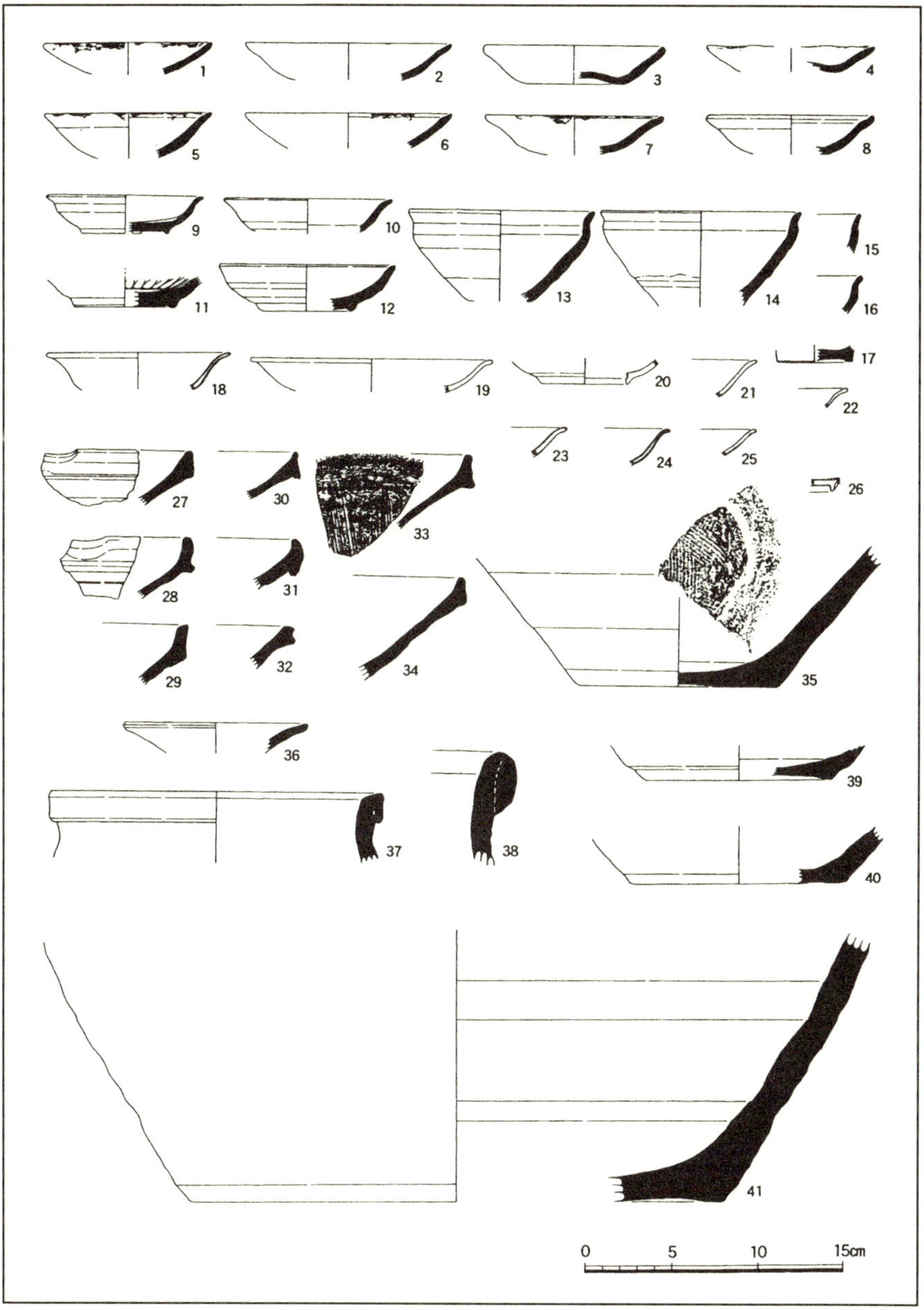

図１　鎌刃城出土遺物実測図（土器・陶磁器）

ね。それから食べなければいけません。それから服も着なければいけませんよね。それで衣食住という言葉があるわけですが、それにプラスして、今ですと、例えば映画を見たり、テレビゲームをやったりということで、遊ぶことが付いてきますね。これは私たちだけに限らず古代や中世の人も同じでした。ですから、それが正しければ、そういうことも含めた生活に関わるすべてのものが対象となってここに形としてあらわれているはずなのです。それでは、ひとつずつ詳しくみていきましょう。

ここに鎌刃城出土の遺物ということで分類項目を表にあげました。ところが、この表には、私の希望的観測も含まれています。項目のなかには、たとえば「食べること」では、ずらっと食器の種類の名称が書いていますが、実は鎌刃城では出土していないものもあります。つまり、私の希望で出土してほしいなと思うものもここに書いておきました。これからもまだまだ調査を続けられる中井さんには、是非見つけていただきたいなと思っているものも含めて書いていますので、そういうつもりで見てください。

この表を見ながら出土していたら○とか×とかを横に書いていただき、どれが出ていて、どれが出ていないとか、これから出るかもしれないから楽しみにしよう、などと考えていただければと思っています。

表1　出土遺物の分類項目

食べること	
食器	箸、漆碗・皿、木地碗、土師質土器皿（かわらけ）、青花碗、皿、白磁皿
調理器	鍋・釜・竈
貯蔵器	壺・甕
住むこと	
建物	建築部材、釘、鎹、金具
屋根	瓦、檜皮、柿
調度具	襖、屏風、灯明皿
嗜む・遊ぶこと	
茶を飲む	茶碗、茶入れ、建水、鬼桶、茶壺、茶臼、茶杓、茶筅
香を聞く	香炉
碁を打つ	碁盤、碁石
物の生産と流通	
中国産と国産	
近郊地と遠隔地	

では、まず図1の1から8です。これらは大体同じような形をしているのがわかりますか?　これが「かわらけ」と呼ばれているものです。赤いものと白いものがあります。中世の記録にも「赤土器」、「白土器」、「赤かわらけ」、「白かわらけ」というように書かれています。赤と白というのは見た目の色で、実は焼く温度で赤くなっ

たり白くなったりします。そういうものを中世では「かわらけ」とよんでおります。これらは、奈良時代に中国から伝えられた技術でして、その時にできた言葉が、いわゆる「土師《はじ》」と言います。その技法が、ずっと中世まで伝えられてきています。考古学では、それを全部同じ系列の物として考えて、どの時代の土器もすべて「土師器《はじき》」と呼んでいます。

考古学では土器の種類と形をあわせた名前、土器+皿だから「土器皿」というように呼ぶのが普通になっています。従ってこの1から8までを土師皿《はじざら》といいます。

さて、「皿」と書いてあれば、何でも食事に使うお皿かと思われる方がいらっしゃると思うのですが、実はこのなかには食器としての皿と、それ以外の目的で使われた皿とが混じっています。わかりますか？　中世は不思議なことに、日常で使う食器を違う用途にも使うのです。例えば1、4、5、それから6、7がそうです。この図の上のふちには黒いシミのようなものが書いてありますね。この黒いシミが何かと言いますと、実は油の痕跡なんです。

したがって、この1、4、5、6、7は、形は同じ皿

写真1　鎌刃城出土　土器・陶磁器

でも食器ではなく灯明皿《とうみょう》であることがわかります。こういう本を見たときに充分に注意していただきたいところです。皿と書いてあれば何でも食器かなと思ったら大きな間違いです。部屋のなかの明かり取り用の皿。これに芯をのせて灯明にするわけです。灯明皿というのは、普通必ず皿を二枚重ねにします。それで上から油を注ぎ、二枚目の下で芯を押さえるので、皿の底にはべっとりと油がついているものなんかも見つかります。これは上皿だとわかります。お皿が出たからといって、すぐに食事をしていると思いがちですが土師器の皿としては考えなければいけないことがあるということがこれでわかります。

それから、土師器の皿の研究では、研究者が着目している面白いことがあります。それが「京都産」という言葉です。それから「京都系」とか「模倣系《もほうけい》」という言葉もあります。これは何かというと、京の都で作られた物が「京都産」で、都で流行っているお皿の形を真似て作った物が「京都系」というわけです。たとえば、この鎌刃城でいえば、京都で流行っているお皿の形を米原で作った物を「京都系」と呼ぶわけです。何でそんなことをするのかというと、やはりいつの時代も流行を追いかけるわけです。京都にあるものが一番良いものだということで、京都の皿の形をみなが真似るわけです。これは、京の物は高くて手に入りにくいので、いわばイミテーションです。

ここにあるものですと、1から7、あるいは8もそうかもしれません。けれども、全部この京都系といわれている京都の形を真似たものではありません。米原で作られた米原の土器もあります。ややこしいですけど、このようにお皿は色々に分類できるということです。

「京都系」に対する言葉では、在地で作られた物を「在地系《ざいちけい》」といいます。一般的には半分くらいこの在地系のものが出土するのですが、鎌刃城の場合は「京都系」、京模倣の皿が圧倒的に占めています。要するにこれを使っていた人たちは強い京への憧れを持っていることが、これらの皿からわかるということです。

次にその下、二列目の9から12です。これはカラー刷りだとよく分かるのですが、図では色がついていないのでわかりづらいですね。これらが、いわゆる瀬戸焼です。美濃の国で焼かれた陶器で、藁灰《わらばい》で出来た釉薬《ゆうやく》を塗って焼いた灰釉陶器《かいゆうとうき》と呼んでいる土器です。藁灰で焼くと仕上がりは透明の黄色い色になります。瀬戸ではこういう特徴のある焼きものを焼いていました。

特に9と10は、お皿の端っこが外側へ、キュッと曲がっていますよね。これを端が反っている皿と書いて、「端反皿《はぞりざら》」と呼んでいます。それから、12は反っていないで端が丸くなっています。これを「丸皿《まるざら》」と呼んでいます。

11は破片でちょっとわかりにくい形をしています。皿の内側に指で撫でた窪みがついています。実はこれは菊の花びらの文様になっています。こういうものを「菊皿《きくざら》」と呼んでいます。

このようにこれらから瀬戸から美濃で焼かれたものが、鎌刃城に持ち込まれているということがわかります。あと、13から17もそうです。これがいわゆる天目《てんもく》茶碗と呼ばれているもので、実は中国で流行した天目茶碗の形を日本で模して作られたものです。中国に憧れていたが本物は高価で数が少ないので瀬戸と美濃で、その同じ形をしたものを焼いて売られていました。いわゆる国産品として作られている瀬戸・美濃の陶器です。これは外側が茶色をしており、飴釉《あめゆう》とか鉄釉《てつゆう》という鉄色の釉薬がかけられています。

さらに図をよくみて下さい。1から17まではお皿の断面が黒く塗ってあります。18から26は白くなっています。実はこれらは陶器と磁器の区別を表しています。黒く塗ってあるのは土系のもので陶器です。白い物が磁器、いわゆる石の粉で作ってある焼き物という意味をこれで表しています。いわゆる白磁です。石で作ってある磁器は、この当時の日本では技術がなく到底作れないものでした。技術的に作れないので、全部輸入物に頼っています。産地は中国の景徳鎮《けいとくちん》というところで焼かれて輸入され、日本で売られているものを、買ってきて使っているということがわかっています。たぶん海をわたってきているので、同じ皿でも1から8のかわらけよりも、はるかに高価なものということになります。

ここまでがいわゆる食器というものにあたります。われわれがご飯を食べるときに使うものです。したがって、表1の「食べること」の食器のうち、土師器のかわらけ、白磁の皿が出土していて○となります。

それから実測図には掲載されていませんが、展示室には「青磁《せいじ》碗」も展示されていましたので、これも○となります。でも、青花《せいか》の皿は見かけませんでしたね。ところで、青花とは何かと言いますと、これも磁器で、白い磁器に青い色で絵を描いたものをいいます。今使っている中国のお茶碗みたいなものです。江戸時代になって日本でも作ることができるようになりますが、それは染付けと呼ばれているものです。

また、報告書には「漆椀《うるしわん》」も出土していることが書いていますので、これも○です。食器があれば、お箸がないとごはんが食べられませんので、お箸もあるはずですが、出ていません。これはなぜかと言えば、お箸は木でできているので、腐って残らないからなのです。したがって、当時使われていたものがあっても出てこないものがあるということがわかります。したがって「木地碗《きじわん》」なども、おそらくあっただろうと思います。ちなみに漆が塗っていないのが木地の椀です。木のものは山の中のような水のないところでは腐って残らないと言うことです。

では次に27~35です。27から35は瀬戸と瀬戸美濃焼きの「擂鉢《すりばち》」です。大根や、大豆、山芋を擂るときに使うものです。擂鉢は中世では一般的な調理具として使われており、これひとつあれば、擂りおろし、こねて、丸めて、そのまま火に掛けたり、そのまま丼として使って食べてしまうというくらいに、便利な万能器なのです。お茶碗の代わりもするというわけで、当時は便利な万能器として、もてはやされました。

分類としては調理器にあたります。調理器具にはまだ他にいくつか考えられます。例えば包丁とか、まな板などが考えられますが、木が大半なため、期待としては、包丁の先ぐらいでしょうか。もし、調理器が出てくれば台所がどこかということがわかりますので、是非探して頂きたいと思っています。

さて、図に戻りまして、36です。36は瀬戸美濃焼きの鉄釉の壺です。完全な形ではないので、よくわかりませんが、たぶん徳利か花生の壺になると思います。それから38から41までは備前焼の大甕です。当時、大甕の生産地は愛知県の常滑《とこなめ》焼か、岡山県の備前焼なのですが、遠い方の備前焼がこの山の中まで、持ち込まれていることがここからわかります。

何に使うかというと、一石甕《いっこくがめ》・二石甕《にこく》というように、容量を表す名前で呼ばれており、水を入れたりお米や油

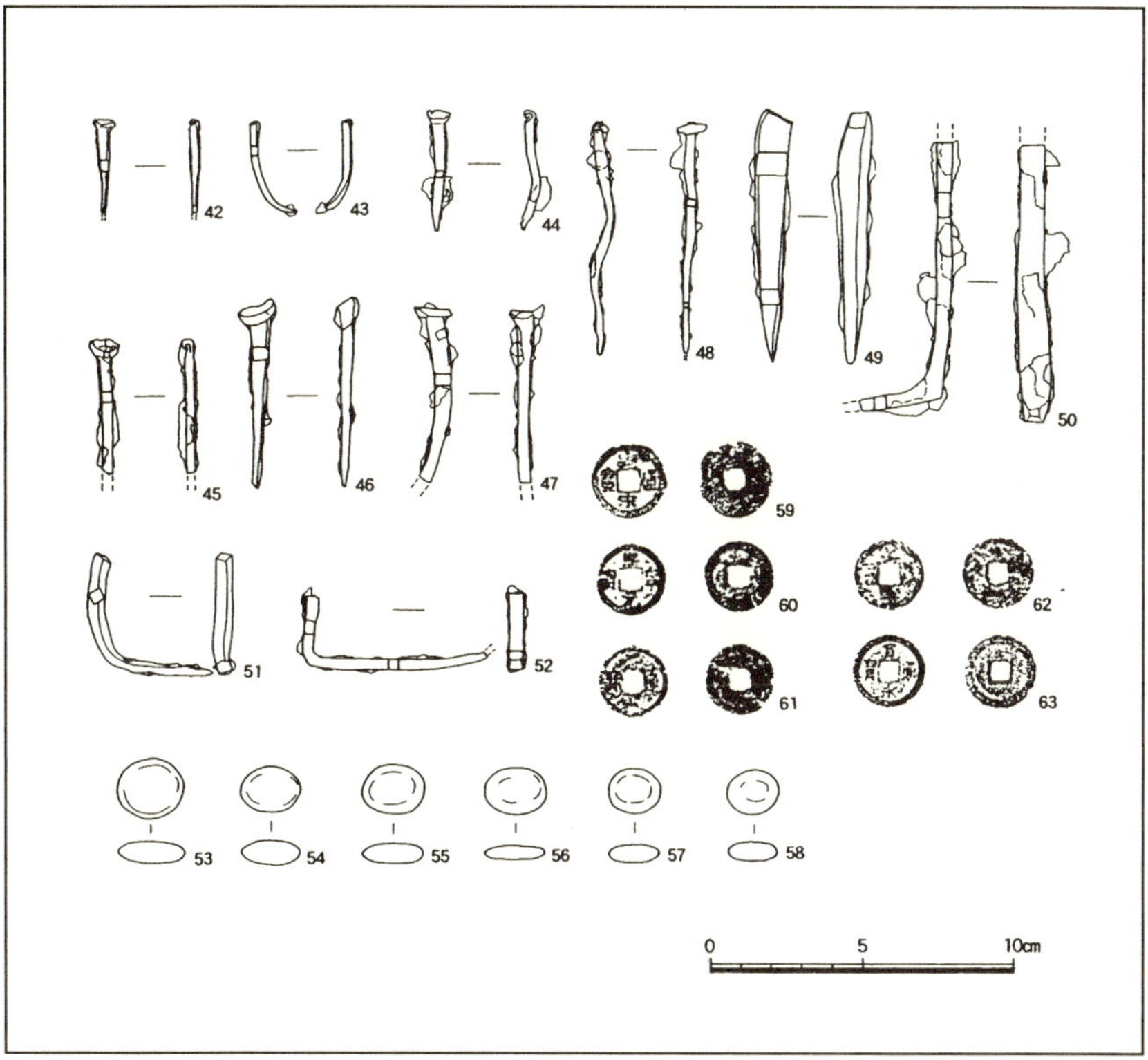

図２　鎌刃城出土遺物実測図（鉄製釘・銭貨・碁石）

も入れたりします。要するに、ものを備蓄するために使うものです。我々は貯蔵具（貯蔵器）と呼んでいますが、そういう貯蔵具が、鎌刃城でも発見されているのです。これらが、長い日時を、城の中で暮らしていたということを示しています。

　では次に図２をご覧ください。図２は土器以外の出土遺物の実測図です。まず、42〜52です。42から52は鉄製品です。そのうち49までが「釘」です。釘にもいろんな種類が出土していることがわかります。42から44は非常に短い小さい釘です。こういうものはたいがい、床板や天井板用の打ち釘です。つまり建物は床板や天井板が張られていたことがわかります。そして、少し大きい45〜49は建築具材を止めるものだと思います。

50は多分、「鎹《かすがい》」だと思います。鎹

はおそらく柱と柱をとめるために使われたと考えられます。要するにこういうものが出てくると言うことは、天井や床のある大きな建物が山頂に建っていたということを示しているわけです。しかも、釘の先を見ていただきたいのですが、すべて曲がっています。つまり、打ち込まれていたということです。木に打たれたものが、木が腐って、釘だけが残ったということがこれからわかります。打ち込む過程で曲がりますので、そういうことをこの釘が示してくれているということです。

おそらく建築具材はこれだけではなく、例えば釘を隠す「釘隠し」ですとか、縁のところにつけた「飾り金具」などもあったと思います。あれだけの天守に近い大きな建物や御殿の跡が発見されているということは、おそらく今後そういうものも出土する可能性があるということです。まあ、それも今後乞うご期待ということになると思います。

それから本来ならば、安土城に代表されるように、建物の屋根は瓦で葺かれるのですが、鎌刃城では瓦が出土していませんので、このことからもどうやら屋根は「柿《こけら》葺《ぶ》き」か「板葺《いたぶ》き」ということになりそうです。どうやら鎌刃城は織豊系城郭ではなく、室町幕府や守護系の城の習わしに近い格式の高い建物があったようです。これは逆論法ですが、そうなるのではないのかなと考えられます。また、御殿であれば、当然襖や戸袋、床の間、違い棚もあります。たとえば襖の引き手金具が出土する可能性もあるわけです。このようにこれが、住まいの出土品になります。

それから最後に、嗜《したし》む・遊ぶということです。さきほど天目茶碗の話を少しさせていただきましたけれども、おそらく、お茶を嗜んでいる人がいたのではないかと考えれば、茶入れ、建水《けんすい》、鬼桶《おにおけ》、茶壷《ちゃつぼ》、茶臼《ちゃうす》、茶筅《ちゃせん》、茶杓《ちゃしゃく》などの茶道具も考えられます。茶筅・茶杓は木製なので腐って残りませんから、おそらく出てこないと思いますが、陶器や漆器という類のものが今後発見されるのではないかと思います。破片のなかには、信楽の茶器の建水ではないかと思われるようなものもあるようですので、多分、茶道も嗜んでいただろうと考えて良いかと思います。また、茶をすれば当然お香《こう》もしますので、香炉《こうろ》も発見されるかもしれません。

それから図2の53から58です。これは碁石です。普通、碁石と言いますと、上等なものは那智黒《なちぐろ》と言い、那智で取れる真っ黒な丸い石を使います。これは那智かどうかはわからないのですが、この53から58の石も全部黒石です。黒石ばかりで、なぜ白石は出土しないかと思われるかも知れませんが、実は白石は石ではなく、ハマグリの貝を抜いて使いますので、貝ですので腐って出てこないということになります。ですから、たいがいお城から出てくる時はこのように全部黒石だけになっています。それから将棋もあったかもしれませんが、盤も含めてやはり腐るものは残らないということのようです。

　このように、ざっと説明していきますと、鎌刃城から出土している遺物のなかには、日常の食器類とか、貯蔵具、調理具などの生活用具と、住まいとなっている建物が建っていたことを示すようなもの、お茶関係のもの、それから遊興に関するものがあるということで、その様子がわかります。

　これをお城と、擂り合わせて考えていきますと、鎌刃城は、これまで言われてきたような、取ったり取られたりというような境目の城や一時的な砦としての城の領域をはるかに越えていることがわかっていただけたかと思

写真２　鎌刃城から出土した碁石

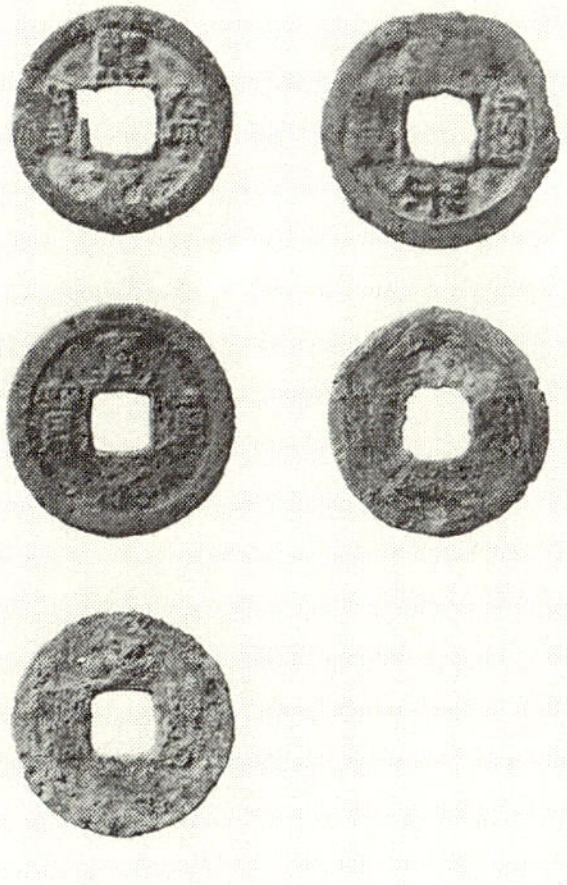

写真３　鎌刃城から出土した銭貨

いいます。
遺構から見た場合、御殿や天守に近いような大きな建物もあることが、調査でもわかってきています。それらとも摺り合わせて考えていきますと、もちろん戦闘に対する備えというのは充分やっているわけですが、闘いを毎日しているわけではありませんので、日々はしっかりとした日常生活、つまり道具を山の上に運んでそれなりの人々がきっちりとした住まいを作り、日々食事をし、遊興を嗜みという暮らしていたのだろうということがこれら出土遺物からは考えられるのではないかと思います。

出土遺物からみた鎌刃城の姿

では、城での暮らしはどのようなものだったかということについて、およそこんな感じであったという雰囲気を感じていただくために絵巻物でその様子をあげてみました。写真4—1は武士の館で調理をしている様子です。いろりで鍋を囲んだ前でまな板の上で魚をさばく武士の姿がみえます。横には食器が並んでいます。典型的な武士の館での食事風景です。写真4—2では、お膳の上に、瀬戸や中国のお皿、土師器の皿を載せ、食事をしています。お膳のことを「折敷《おしき》」と呼んでいますが、よくみると折敷には三つしかお皿が載っていません。ところが、写真4—2では四つお皿が載っていますよね。実は、高級食は五つと決められています。真ん中に一個、両側に二つということで、五皿で一膳になります。

普通、一食だと一膳になるわけですが、ちょっと偉いお客さんがきたりして、催し物があったりする時は、一膳では済まないシステムになっています。つまりフルコースを食べるわけです。この場合、たいてい三膳分出てきます。一膳、二膳、三膳と出てくるのです。前菜から始まって主食、フルーツが出て終わり。これは全く今のフルコースと一緒ですね。そして、その一膳を「一献《いっこん》」と言います。一献、二献、三献という具合に数が増えます。これが「三献《さんこん》の儀《ぎ》」と呼ばれている食事の儀式です。

儀式の日はかならず三献出しまして三献の儀をやるということになっています。さらに飲み方も一回のお膳でかわらけが三枚出てきまして、お酒を三度飲むわけです。三膳×三枚が九回で「三々九度《さんさんくど》」ということになります。結婚式の三々九度はこの名残です。だいたい三献、三膳、

写真4―1　中世の台所（「酒飯論絵巻」より。三時知恩寺蔵）

写真4―2　武士の食事（「酒飯論絵巻」より。三時知恩寺蔵）

写真５―１　「慕帰絵詞」に描かれた掃除などの道具類
（『続日本の絵巻９』中央公論社刊より転載）

写真５―２　「慕帰絵詞」に描かれた台所での調理のようす
（『続日本の絵巻９』中央公論社刊より転載）

三々九度を一晩かけて食べます。『信長公記《しんちょうこうき》』によると、信長は五献をした記録があります。メニューも全部『信長公記』に載っています。とても豪華な食事です。三献では少ないと思っていたらしく、五献までやっています。徳川家康もそれを真似て五献しています。

まあ、そういうことも念頭に入れてきますと、どうも鎌刃城という山の中の城でも、そういう儀式を行った可能性があるということがわかります。お客さんを呼んで宴会、それから家臣と上司との間の軍議、会議。そういうものも含めて、この城でどうやらお話をしながら楽しく食事をしている様子が目にうかんで見えてくるのではないかと思います。

では最後に、京での人々の食事風景を見ておきましょう。**写真5―1**では部屋と廊下に、ちりとりとほうきと馬の毛をすく櫛とが描かれています。棚には鞍が乗せてあります。**写真5―2**の台所では調理をしています。烏《え》帽子《ぼし》を被った人が調理をしていますので武士だとわかります。そして、それをもって配膳にいきます。

廊下を歩いて棚飾りのある部屋のなかではお坊さんと武士がいます。そこには畳が敷いてあります。これが部屋での食事風景です。

非常に不思議な気がしますのは、真横が馬小屋です。しかし、当時ではこれがごく普通の姿のようです。こういうふうに馬は非常に上等なものとして扱われています。横でお付きの侍が面倒を見ながら、台所で食事をつくり、配膳し、廊下を挟んだ脇の部屋で会食をするというのが都会での食事スタイルのひとつでした。

これがさらに、もっと儀式的な京の宮中の暮らしぶりと相まって、本来は戦闘の場であった山城の中にもこういう都市の館での生活の形が持ち込まれていきます。鎌刃城の方々も京の武家的な暮らしぶりを取り込んで、優雅な気分ですごしていたのではないかと考えられます。京都で暮らしたり、見聞きしてきた人が国に帰ってあこがれの生活を真似する。これが室町幕府や守護が目指した文化の伝播のひとつです。全国、「小京都文化」とでもいえばよいでしょうか。

どうも鎌刃城もしっかりとそれを取り入れて、あのような高い山の山城の中で生活をしているということが、出土遺物からわかっていただけたのではないかと思います。今日は考古学の、いわゆる実測図と呼ばれる図面をみながら、出土遺物から、読み取れることを説明させていただきました。

今後とも、何が出土するのか、どういう形で出土するのかということを、みなさまも楽しみにしながら鎌刃城の発掘調査に期待し、思いを馳せていただきたいと思います。どうもありがとうございました。

鎌刃城跡 指定への歩み

調査前の主郭の状況

調査前の主郭虎口の状況

調査前の北－Ｖ曲輪虎口の状況

平成十七年三月二日、念願であった鎌刃城跡の国史跡が現実のものとなった。おもえば今から十数年前、鎌刃城跡は町指定史跡にもなっておらず、山林に埋没した状態で眠っていた。その構造を把握するために、まず図化することから始めたのだが、城跡内を歩くのも困難をきわめたほどだった。また、地元でもその位置を知る人もほとんどなく、まして城跡まで登ったという人は稀であった。しかし、その構造は戦国期の発達した城郭として注目できるものであることが判明し、米原町の史跡として指定されることとなった。その後、滋賀県史跡となり、今回は国指定史跡となったのである。その間、この城跡の持つ戦国時代の情報を多くの方々に知っていただくために数度のシンポジウムや歴史講演会を実施したところである。ここでは殿屋敷遺跡の発掘調査を始めとして鎌刃城跡の国史跡指定への歩みを紹介しておきたい。

殿屋敷遺跡の井戸調査風景

平成三年

米原町番場地先において、団体営ほ場整備事業が実施されることとなり、その区画内に殿屋敷遺跡が存在することにより、米原町教育委員会によって発掘調査が実施された。

調査の結果、当該地より十三世紀末から十五世紀初頭に至る掘立柱建物、素掘りの井戸、石組井戸、溝等が検出された。出土した遺物には中国産の青磁、白磁をはじめ、信楽、瀬戸美濃、常滑産の陶器などが大量にあった。

平成四年

殿屋敷遺跡の発掘調査を契機に地元番場に**「番場の歴史を知り明日を考える会」**が組織され、鎌刃城跡についての学習会が持たれるようになった（学習会は平成四年度から九年度にかけておこなわれた）。

平成九年

五月三十日	鎌刃城跡が**米原町の史跡に指定**される。
六月一日	番場の蓮華寺を会場として、歴史講演会**「番場鎌刃城―戦国の近江を探る―」**を開催した。会場の蓮華寺本堂は聴衆でほぼ埋め尽

歴史講演会

くされる盛況であった。当日のプログラムは次の通りである。

記念講演「戦国期の近畿の山城」
　村田　修三氏（大阪大学）

講　演　Ⅰ「中世番場の城と領主―土肥氏を中心に―」
　太田　浩司氏（市立長浜城歴史博物館）

講　演　Ⅱ「中世城郭の整備と町づくり―全国の事例から―」
　木戸　雅寿氏（滋賀県安土城郭調査研究所）

平成十～十四年

米原町教育委員会が鎌刃城跡の発掘調査を五ヵ年にわたって実施し、戦国期城郭を考えるうえで貴重な調査成果を得た。なお、発掘調査にあたっては、**「米原町指定史跡鎌刃城跡調査整備委員会」**（メンバー：委員長村田修三氏、三浦正幸氏、木戸雅寿氏、加藤理文氏、太田浩司氏、泉峰一氏、酒井進氏、泉良之氏、込山秀雄氏）を組織して実施した。

平成十一年

九月十九日

蓮華寺本堂を会場として、**「第一回近江山城サミット」**を開催した。

鎌刃城跡発掘調査の風景

一八〇名の参加者があった。当日のプログラムは次の通りであった。
基調講演「山城とまちづくり」
西川　幸治氏（滋賀県立大学）
パネルディスカッション「山城とまちづくり」
コーディネーター
中井　均（米原町教育委員会）
パネラー（城跡保存会代表）
中山　孫孝氏（小谷城址保勝会）
小川　勇氏（日賀田城跡整備検討委員会）
坂本　定之氏（大光寺城山保勝会）
泉　峰一氏（番場の歴史を知り明日を考える会）
賓客パネラー
黒田　正直氏（岐阜県妻木城址の会）

平成十二年

五月十四日　北曲輪の虎口整備工事竣工記念式を開催する。

平成十三年

国友鉄砲隊の一斉射撃

三月

番場の歴史を知り明日を考える会が、**「中世の山城跡から琵琶湖と水を考える」**という活動名で、夢《む》ー舞《ぶ》めんと滋賀二十一世紀記念事業「水といのちの活動」団体に採択される。

十月十三日

米原町歴史シンポジウム**「鎌刃城から見た近江の戦国時代」**を米原町中央公民館大ホールで開催。当日会場は満員となり、別室に備えたモニターで見学される方も多くあった。当日のプログラムは次の通りである。

オープニング　伊吹和太鼓グループ「四季」

記念講演「信長が重視した鎌刃城と近江戦国史」

小和田哲男氏（静岡大学）

スライド報告「鎌刃城跡の発掘調査」

中井　均（米原町教育委員会）

討論会「織田信長VS浅井長政―城と合戦―」

実況中継：木戸　雅寿氏（滋賀県安土城郭調査研究所）

織田軍：加藤　理文氏（静岡県埋蔵文化財調査研究所）

浅井軍：太田　浩司氏（市立長浜城歴史博物館）

立行司：小和田哲男氏

十月二十日

湖国二十一世紀記念事業「中世の山城跡から琵琶湖と水を考える」

鎌刃城跡でおこなわれたのろし駅伝

十月二十一日　の前夜祭を蓮華寺門前で開催。湖国二十一世紀記念事業**「中世の山城跡から琵琶湖と水を考える」**のメインイベントを鎌刃城跡で開催される。水の手復元、通水式、記念植樹をおこなう。また、アトラクションとして国友鉄砲隊による火縄銃の一斉射撃もおこなわれた。

十二月八日　滋賀県文化財保護審議会委員、現地視察。

平成十四年

三月二十日　鎌刃城跡が**滋賀県史跡**に指定される。

五月十九日　鎌刃城跡の「滋賀県史跡指定記念・主郭虎口整備完成記念式典」が城跡で開催される。米原町長より「番場の歴史を知り明日を考える会」に感謝状が授与される。

十一月二十三日　鎌刃城跡を起点に**「近江中世城跡琵琶湖一周のろし駅伝」**が開催される（賛同城跡一八ヵ所）。

十二月　文化庁伊藤正義文化財調査官視察。

平成十五年

十月四日　鎌刃城跡など琵琶湖一周のろし大会に参加した城跡の保存会など

が中心となって、**「近江中世山城保存団体連絡会」**（通称のろしの会）が設立される。

十一月二十三日　**「第二回近江中世城跡琵琶湖一周のろし駅伝」**に参加（賛同城跡二十三カ所）。

平成十六年

三月　文化庁磯村幸男主任文化財調査官視察。

四月十二日　「中世城跡琵琶湖一周のろし大会」が、全国五十八新聞社、財団法人地域活性化センターが主催する「第八回ふるさとイベント大賞」の文化・交流部門賞を受賞。

七月三十日　文部科学大臣宛に鎌刃城跡の国史跡の指定について米原町長より申請をおこなう。

十一月十九日　開催された国の文化審議会において鎌刃城跡を国の史跡に指定するよう答申があった。

十一月二十三日　**「第三回琵琶湖一周のろし駅伝」**に参加（賛同城跡三十二カ所）。

文化・交流部門賞

琵琶湖一周のろし駅伝　滋賀県米原町

昔の人の知恵生かす

琵琶湖一周のろし駅伝（滋賀県米原町提供）

琵琶湖の周囲にある23カ所の城跡を「のろし」で結ぶ。高さ3㍍、直径25㌢の筒からあがる煙は約2時間で一周する。

距離は174㌔、一番離れているところで約18㌔。昔の人の知恵をとり入れたイベントだ。今回で2回目。延べ500人以上のボランティアが支える。滋賀県内には1300カ所もの中世の城跡が存在するが、里山に眠っていることが多かった。身近な歴史文化資料としての価値に気づき、まちづくりにいかした。

ふるさとイベント大賞

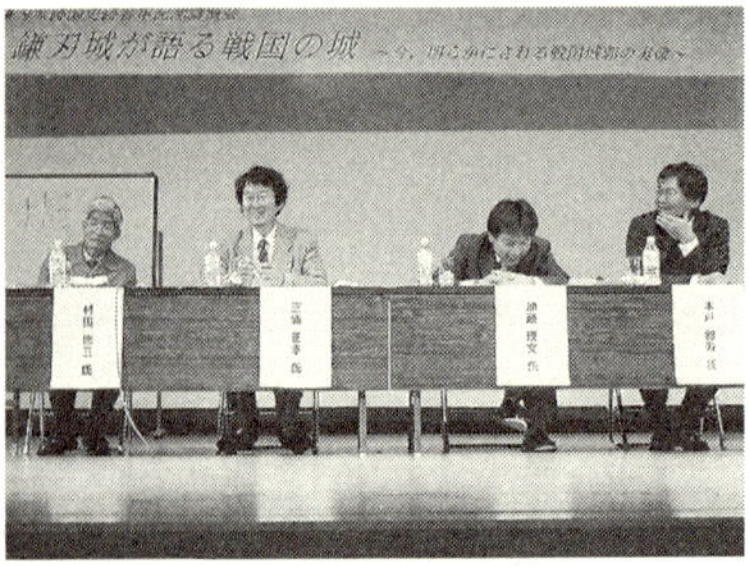

シンポジウム風景

平成十七年

一月二十三日

国史跡答申記念講演会**「鎌刃城が語る戦国の城―今、明らかにされる戦国城郭の実像―」**を米原町中央公民館において実施する。公民館大ホールがほぼ満席となる盛況ぶりであった。当日のプログラムは次の通りであった。

基調講演「鎌刃城調査の意義」
村田　修三氏（大阪大学名誉教授）
報　告「鎌刃城の発掘調査」
中井　均（米原町教育委員会）
講　演「鎌刃城の建物を復元する」
三浦　正幸氏（広島大学大学院教授）
講　演「鎌刃城の石垣」
加藤　理文氏（静岡県教育委員会）
講　演「鎌刃城出土の陶磁器」
木戸　雅寿氏（㈶滋賀県文化財保護協会）

二月十四日

米原町、伊吹町、山東町が合併して米原市誕生。

大茶会　水屋の様子

三月二日　文部科学省告示第二十二号によって鎌刃城跡が**国の史跡として指定**される。

五月二十九日　**「鎌刃城跡国史跡指定歴史鼎談十大茶会」**を鎌刃城跡の主郭で開催。約一五〇名の参加があった。当日のプログラムは次の通りであった。

第一部　鎌刃城跡現地案内

第二部　歴史鼎談

「徹底検証　鎌刃城跡―城主堀氏の性格と城郭構造を読み解く―」

パネラー

太田　浩司氏（市立長浜城歴史博物館）

高田　徹氏（城郭談話会）

コーディネーター

中井　均（米原市教育委員会）

茶会と琴の調べ

十月一日　米原市と近江町が合併し、米原市誕生

十一月二十三日　**「第四回近江中世城跡琵琶湖一周のろし駅伝」**に参加（賛同城跡三十六ヶ所に加え、本年度は岐阜県関ケ原町で二ヶ所が参加）。

あとがき

本書は平成十七年一月二十三日に米原町中央公民館大ホールで開催した、鎌刃城跡国史跡答申記念講演会「鎌刃城が語る戦国の城—今、明らかにされる戦国城郭の実像—」をもとに作製したものである。当日は前日よりの降雪で、大変寒い日であったが、大ホールはほぼ満員となるほどの盛況であった。参加された多くの方々は諸先生の講演を一言も聞き逃すまいと真剣な態度で参加してくださり、こうした講演会を企画した教育委員会事務局としては、ほんとうにありがたいことであった。

この講演会は鎌刃城跡の国史跡答申を記念して開催したものである。鎌刃城跡は平成十年より五ヵ年をかけて発掘調査を実施したが、その結果、半地下式の大櫓と推定される礎石建物や主郭では縁を持つ御殿の礎石などが検出されたほか、戦国時代の山城としては先駆的な高石垣によって築かれていることも明らかとなった。こうした城郭構造は日本城郭史上貴重な遺構であるとの評価から今回国史跡に指定されたのである。この発掘調査では地元の番場区の皆さんが交代で調査作業員として発掘のお手伝いをいただき、まさに自分たちの住む郷土の歴史を自分たちの手によって掘り起こしていただいたわけである。さらに枡形虎口については整備工事を実施するにあたって工事資材を人力によって運んでくださるなど、さまざまな場面でご尽力をいただいた。

講演会当日は基調講演をお願いした村田修三先生をはじめ、諸先生方に充実した講演をしていただいた。本書ではそうした様子を再現するように努めた。当日ご参加いただけなかった方々にも当日の会場の雰囲気を感じていただくことができるものと自負している。

なお、巻頭には鎌刃城跡の概要を「鎌刃城の歴史と構造」と題して中井が書き下ろした。これによって講演会当日にはなかった鎌刃城の歴史を知っていただくことができるものと思う。

刊行にあたっては、サンライズ出版のお世話になった。ご存知のようにサンライズ出版は近江文化を発信する彦根の出版社である。いわゆる地方小出版社である。本書のような近江の戦国城郭に関する講演録を出版するには最もふさわしい会社である。担当していただいた岩根治美氏には本書の体裁などで適切なご助言を賜った。利益を度外視していただいたうえに、懇切丁寧なサンライズ出版の仕事によって本書ができあがったといっても過言ではない。

さて、鎌刃城跡は発掘調査も一旦は終了し、念願であった国の史跡にも指定された。まずは第一段階が終了したわけである。今後は国史跡鎌刃城跡の整備が控えている。第二段階が始まるわけである。整備は十年、二十年という長いスパンで計画されていくわけであるが、きっと満足していただける整備事業をこれから展開していくつもりである。乞御期待。

平成十八年二月

米原市教育委員会

《執筆者紹介》

村田修三（むらた　しゅうぞう）
大阪大学名誉教授
主な著作：『図説　中世城郭事典』（共著）新人物往来社

加藤理文（かとう　まさふみ）
織豊期城郭研究会
主な著作：『中世・戦国・江戸の城』新人物往来社 2004年　「瓦の普及と天守の出現」『戦国時代の考古学』高志書院 2003年

三浦正幸（みうら　まさゆき）
広島大学大学院文学研究科教授
主な著作：『城の鑑賞基礎知識』至文堂 1999年　『城のつくり方図典』小学館 2005年

木戸雅寿（きど　まさゆき）
㈶滋賀県文化財保護協会調査整理課長心得
主な著作：「内湖をめぐる城の成立とその機能」『城と湖と近江』サンライズ出版 2002年『よみがえる安土城』吉川弘文館 2003年

中井　均（なかい　ひとし）
米原市教育委員会文化スポーツ振興課長
『近江の城―城が語る湖国の戦国史―』サンライズ出版 1997年　『城郭探検倶楽部』（共著）新人物往来社 2003年　『京都乙訓・西岡の戦国時代と物集女城』（編著）2005年

《お世話になった方々》

（協力機関）

㈱学習研究社「歴史群像」編集部
三時知恩寺
滋賀県教育委員会
浄土真宗本願寺派
㈱新人物往来社
㈱中央公論新社
番場の歴史を知り明日を考える会

（協力者）

泉　峰一　　高田　徹
太田　浩司　　谷川真知子
小和田哲男　　東郷　美香
香川元太郎　　長谷川　晋
齋藤　勝美　　早川　圭
酒井　進　　樋口　隆晴
佐野絵梨香　　松田　直則
杉原　宏太　　山上　雅弘

戦国《せんごく》の山城《やまじろ》・近江《おうみ》鎌刃城《かまはじょう》

2006年2月28日　初版1刷発行

編　者／米原市教育委員会
滋賀県米原市長岡1206　山東庁舎内
TEL.0749-55-8106　〒521-0292

発行者／岩　根　順　子

発　行／サンライズ出版株式会社
滋賀県彦根市鳥居本町655-1
TEL.0749-22-0627　〒522-0004

印　刷／サンライズ出版株式会社

ISBN4-88325-292-2 C0021